Reinhard Steger
Karl Volgger

Alpine Wellness-Küche

BIBLIOGRAFISCHE INFORMATION DER DEUTSCHEN BIBLIOTHEK
Die Deutsche Bibliothek verzeichnet diese Publikation
in der Deutschen Nationalbibliografie; detaillierte
bibliografische Daten sind im Internet abrufbar:
http://dnb.ddb.de

UMSCHLAGFOTO
Ragout von alpinen Süßwasserfischen im Kräutersud

April 2005
Alle Rechte vorbehalten
© by Verlagsanstalt Athesia AG, Bozen

Fotos: Daniela Kofler
Gestaltung und Satz: design.buero, St. Leonhard in Passeier
Druck: Athesiadruck, Bozen

ISBN 88-8266-330-2 (Athesia)
ISBN 3-7022-2688-5 (Tyrolia)

www.athesiabuch.it
buchverlag@athesia.it

www.tyrolia.at
buchverlag@tyrolia.at

Reinhard Steger
Karl Volgger

Alpine Wellness-Küche
128 Wohlfühlrezepte für Leib und Seele

Fotos von Daniela Kofler

VERLAGSANSTALT ATHESIA | BOZEN
TYROLIA-VERLAG · INNSBRUCK-WIEN

Vorwort von *** Michelin-Koch

Heinz Winkler
Residenz Heinz Winkler, Aschau (D)

Vorwort

Liebe Leser,

seit meiner Kindheit in Afers bei Brixen gibt es für mich nichts Schöneres, als einige Stunden und Tage in Südtirol zu verbringen. Im Sommer finde ich bei langen Wanderungen in Wiesen und Wäldern Entspannung und im Winter erhole ich mich, wenn ich mit den Skiern durch die verschneite Bergwelt gleite. Leider erlaubt es mir meine knapp bemessene Zeit nur selten, dieses Vergnügen oft und lange zu genießen.

Seit jeher kennen und schätzen die Menschen in Südtirol die ursprüngliche Kraft der Natur und ihre Wirkung auf die Gesundheit und das Wohlbefinden. Die einfachen Produkte ihrer Heimat wissen sie mit Kräutern geschickt zu verfeinern, so dass wunderbare Gerichte entstehen. Die Bergwelt, ja die Südtiroler Bergwelt mit all ihren Facetten hat auch meinen Kochstil entscheidend geprägt. Die aromatische „Cuisine Vitale", die ich 1988 kreiert habe, verdankt ihr entscheidende Impulse.

Überraschend neue und interessante Ansätze bringt die Alpine Wellness-Küche, die das Wohlbefinden steigert und ein Höchstmaß an Genuss bietet. Frische, natürliche Zutaten wie Löwenzahn und Bergheu oder auch traditionell bäuerlich Deftiges wie Speck und Knödel werden auf ungewohnte Art und Weise kombiniert und verarbeitet. Und das Besondere, alle Gerichte sind zu Hause sehr leicht nachzukochen.

Das Buch besticht durch seine brillante Foodfotografie, die uns auf einen Spaziergang durch die Flora meiner Heimat entführt. Es ist eine Liebeserklärung an diese Landschaft, die auch die Leser überzeugen wird, die dort nicht zu Hause sind.

Ich gratuliere den Autoren Reinhard Steger und Karl Volgger, die sich mit diesem Buch einen Traum erfüllt haben. Dieses Werk wird die Fachliteratur, aber auch jeden einzelnen Haushalt sinnvoll ergänzen und bereichern.

Ihr Heinz Winkler

Reinhard Steger

Reinhard Steger wurde am 16. April 1961 in Bruneck geboren und wohnt heute mit seiner Frau Christina und seinen zwei Kindern in seinem Elternhaus in Mühlen bei Sand in Taufers (Südtirol).

Sein Vater, als Jäger und Sammler von Kräutern, prägte ganz entscheidend seine Liebe zu alpinen Genüssen aus freier Natur. Seine Lehrjahre führten ihn zuerst in renommierte Südtiroler Betriebe, so unter anderem in das Parkhotel Laurin in Bozen und in das Hotel Elephant in Brixen. Internationale Erfahrungen sammelte er im Kempinski Grandhotel de Bains in Sankt Moritz, im Grand- und Kurhotel Quellenhof in Bad Ragaz, bei Lukas Rosenblatt in der Schweiz, sowie im Hotel Königshof in München.

Nach einer sehr erfolgreichen Tätigkeit als Küchenchef im Hotel Elephant in Brixen absolvierte er 1987 die Höhere Fachschule für Gastronomie an der Hotelfachschule Kaiserhof in Meran, 1989 die Prüfung zum Küchenmeister, 1991 die Ausbildung zum Diätetisch geschulten Koch, 1992 die Ausbildung zum diplomierten Diätkoch am Wirtschaftsforschungsinstitut in Innsbruck, 2001 die Ausbildung zum Trainer & Coach und 2004 zum Innovationsbeauftragten am WIFO – Wirtschaftsforschungsinstitut der Handelskammer Bozen.

Seit 1991 ist er als Lehrkraft an der Hotelfachschule Kaiserhof in Meran tätig, wo er Schüler, Studenten, angehende Küchenmeister und Diätköche unterrichtet. Als Referent von diversen Institutionen und Verbänden vermittelt er sein Wissen und Können bei vielen Seminaren, Kursen und Schulungsangeboten. Er ist Autor des Buches „Vitalküche in Südtirol", Mitautor am Buch „Vertrauen" sowie Verfasser zahlreicher Beiträge in verschiedenen Fachzeitschriften. Seit Herbst 1999 ist er Präsident des Südtiroler Köcheverbandes. Im Jahr 2002 wurde er als Mitglied in die europäische Union der Köche „Eurotoques" berufen.

Sein persönlicher Leitsatz:
*„Alles ist vergänglich,
das einzig Beständige ist der Fortschritt!"*

Autoren

Karl Volgger

Karl Volgger wurde am 16. Februar 1964 in Weißenbach im Ahrntal geboren und wohnt heute mit seiner Familie in Reischach bei Bruneck. Schon seit frühester Kindheit ist seine große Liebe und Verbundenheit zur Natur sehr stark geprägt worden. Sein Vater als Bauer und Holzfäller und seine Mutter als Sammlerin von Pilzen und Beeren prägten seine Faszination zu den unverwechselbaren Düften und Aromen aus unserer alpinen Natur.

Seine Lehrjahre führten ihn durch bekannte Südtiroler Restaurant- und Gastbetriebe, wie das Hotel Majestic in Reischach, das Hotel Markushof in Olang sowie das Restaurant Waldrand in Sankt Ulrich in Gröden. Die saisonbedingten Urlaubszeiten nützte er zu zahlreichen Fachseminaren im Ausland. Internationale Erfahrung sammelte er unter anderem im Hotel Vier Jahreszeiten in Hamburg, im Hotel Alte Post in Stuttgart, im Hotel Krone in Assmannshausen und im Restaurant Erlengarten im Kanton Glarus. Seine große Leidenschaft zu einzigartigen Kräutern, seltenen und alten Wurzelgemüsen und vergessenen Kartoffelsorten hat ihn in Fachkreisen international bekannt gemacht. Seine Kräuter- und Gemüseraritäten haben heute die europäische Topgastronomie erobert. Zahlreiche Publikationen in internationalen Fachzeitschriften zeugen von seiner Anerkennung. Topgastronomen und renommierte Spitzenköche wie Eckart Witzigmann, Heinz Winkler, Hans Haas, Martin Dalsass, Robert Oppeneder, Herbert Hintner, Norbert Niederkofler und Roland Trettl sind fasziniert von seiner Vielfalt der Düfte und Aromen. Ganz besonders gefördert wurde sein Engagement durch Hansi Baumgartner vom ehemaligen Gourmetrestaurant Pichler, der ihn in seiner Tätigkeit ganz entscheidend unterstützt hat.

Seit 1994 ist er Mitglied der internationalen Vereinigung Arche Noah, sowie der Initiative Pro Spezie Rara in der Schweiz. Diese Vereinigung hat die Kernaufgabe, sich für die Erhaltung und die Vermehrung von alten Samen- und Kulturpflanzen einzusetzen. Somit erhält er jedes Jahr exklusiv alte Samensorten von der europäischen Genbank in Gatersleben in Deutschland. Seit 1985 ist er als Küchenchef im Alpen Wellness Hotel Majestic in Reischach sehr erfolgreich tätig, wo er seine Gäste mit seiner Aroma- und Wellness-Küche fasziniert. 2002 hat er die Ausbildung zum Küchenmeister absolviert. Die Faszination von der jahreszeitlich bedingten Küche prägt auch seine Hotelküche, was somit für den Gast jeden Tag zu einem neuen Erlebnis wird.

Über dieses Buch

Dieses Buch richtet sich an alle, die gerne mit Lust und Liebe kochen und kulinarische Impulse rund um Produkte aus der heimischen Bergwelt suchen. Der Titel „Alpine Wellness-Küche" bedeutet, dass vorwiegend Produkte aus der heimischen Bergwelt zum Einsatz kamen und dass wir andererseits bei der Erarbeitung der Rezepte die Erkenntnisse aus der Ernährungsforschung absolut in den Vordergrund gestellt haben. Wir zeigen damit auf, dass unsere heimischen Produkte aus der alpinen Bergwelt eine vorzügliche Basis für eine Wellness-Küche, die Küche für das Wohlbefinden darstellen. Dies ist damit ein neuer, alpiner Ansatz, um gesund, vital, schlank und fit zu sein und sich auch so zu fühlen.

Damit dieses Buch nicht nur Profiköchen und Fachleuten vorbehalten bleibt, haben wir bei den Rezepten weitgehend auf die Fachsprache aus der Welt der Gastronomie verzichtet.
Mit diesem Buch erhalten die Liebhaber der guten Küche viele attraktive und sehr schmackhafte Anregungen zu diesem außergewöhnlichen Thema. All jene Produkte, die für Sie im Alltag nicht gängig sind, werden ausführlich erklärt, oder Sie erhalten Tipps, wie sie mit anderen Produkten ersetzt werden können.

Um eine leichte Handhabung beim Blättern und Schmökern zu unterstützen, ist das Buch weitgehend nach einer jahrhundertealten Logik der klassischen Menüreihenfolge aufgebaut. Es ergibt sich daher eine natürliche Reihenfolge im Aufbau und Sie sparen sich damit auch viel Zeit.

dieses Buch

Um den Umgang mit den Rezepten entscheidend zu erleichtern, haben wir diese nach folgenden Grundlagen aufgebaut:

* die Zutaten sind einfach und übersichtlich angeführt;
* die Aneinanderreihung der Zutaten entspricht praktisch einem Einkaufszettel. Somit wird Ihnen auch der Einkauf wesentlich erleichtert;
* die Mengen der Rezepte sind jeweils für vier Personen berechnet. Sie können damit auch in kleinen Haushalten zum Einsatz kommen;
* der Arbeitsablauf ist so aufgebaut, dass eine möglichst effiziente und zeitsparende Zubereitung möglich ist;
* fast alle Gerichte werden mit wunderschönen Fotos dargestellt;
* wo notwendig, finden Sie genaue Hinweise über die Gartemperatur sowie die Dauer der Garzeit;
* alle Rezepturen werden bereichert durch unsere praktischen Tipps.

Im ersten Teilblock wird die „Alpine Wellness-Küche" in ihren wichtigen Schwerpunkten vorgestellt. Besonders wichtig waren uns hierbei der gezielte Einsatz der regionalen, heimischen Produkte als grundlegendes Fundament dieses Buches. Bei der Auswahl der Zubereitungstechniken sowie der Präsentation der Gerichte weichen wir jedoch immer wieder von der Tradition ab und halten uns an die Vorgaben der modernen, zeitgemäßen Ernährungsforschung. Denn in einer Zeit, wo breite Schichten der Bevölkerung ihre Arbeit sitzend an einem Schreibtisch oder in einem Büro verrichten und somit immer weniger Energie bei der täglichen Arbeit verbrennen, muss auch die Küche auf diese Rahmenbedingungen reagieren und neue Lösungsansätze aufzeigen. Denn kulinarischer Genuss und Gesundheit dürfen keinen Widerspruch aufkommen lassen. Wir bieten Ihnen mit diesem Buch eine moderne, zeitgemäße und attraktive „Alpine Wellness-Küche", die folgendes berücksichtigt:

* das Wohlbefinden des Menschen;
* die Grundsätze der modernen Ernährungsforschung;
* vorzügliche heimische, alpine Produkte;
* alpine Aromen, Düfte und Kräuter;
* moderne und zeitgemäße Zubereitungsarten.

Die Südtiroler Küche an der Schnittstelle mehrerer Kulturen hat sich in den letzten Jahrzehnten enorm weiterentwickelt und sehr weltoffen erwiesen, ohne die eigene Identität zu vernachlässigen, beziehungsweise zu verlieren. Diesen besonderen Umstand möchten wir mit diesem Buch gezielt unterstreichen und weiterentwickeln.

Wir wünschen Ihnen nun viel Spaß beim Kochen, ein gutes Gelingen und einen herzhaften Appetit.

Reinhard Steger
Karl Volgger

Übersicht

Brotspezialitäten
Seite 26

Wellfit-Getränke
Seite 34

Warme Vorspeisen
Seite 88

Fischgerichte
Seite 130

Alpine Wellness

Die alpine Bergwelt fasziniert jährlich Millionen von Menschen mit ihren Farben und Düften, mit ihrem Sonnenschein, dem Regen, der Wärme und Kälte sowie mit ihren einzigartigen Produkten. Das ist nicht zuletzt auch ein Ausdruck von Wellness, ja von Alpiner Wellness.

der Rezepte

Herzhafte kalte Vorspeisen
Seite 42

Verführerische Suppen
Seite 68

Hauptgerichte aus alpinen Produkten
Seite 148

Süße Verführungen aus der Bergwelt
Seite 180

Köstlichkeiten und Raritäten aus alpiner Natur
Seite 212

Kleine Mundbissen
Seite 218

*Was immer du tun kannst oder träumst,
es zu können, fang damit an!
Mut hat Genie, Kraft und Zauber in sich.*

Johann Wolfgang von Goethe

Inhalt

- 4 Vorwort von Heinz Winkler
- 6 Die Autoren
- 8 Über dieses Buch

- 14 Philosophie von Alpine Wellness
- 18 Die Alpine Wellness-Küche
- 19 Der Stellenwert einer gesunden Ernährung von Professor Dr. med. Friedrich Oberhollenzer
- 21 Der Ernährungskreis der DGE
- 22 Vollwertig Essen und Trinken nach den 10 Regeln der DGE

- 24 Alpine Wellness-Menüvorschläge

- 26 Brotspezialitäten
- 34 Wellfit-Getränke
- 42 Herzhafte kalte Vorspeisen
- 68 Verführerische Suppen
- 88 Warme Vorspeisen
- 130 Fischgerichte
- 148 Hauptgerichte aus alpinen Produkten
- 180 Süße Verführungen aus der Bergwelt

- 212 Köstlichkeiten und Raritäten aus alpiner Natur
- 218 Kleine Mundbissen
- 222 Basisrezepte
- 226 Kleine Produktkunde

- 232 Glossar
- 234 Register von A bis Z

Philosophie von Alpine Wellness

Was ist Wellness?

Wellness ist nicht nur ein ganzheitlicher Ansatz, um das Wohlbefinden von Geist, Seele und Körper zu unterstützen und zu fördern, sondern sie bringt auch einen ganz bestimmten Lebensstil zum Ausdruck. Nicht mehr ausschließlich der perfekte, schöne Körper steht im Mittelpunkt, sondern eine harmonische, gesunde Entwicklung des ganzen Menschen. Wellness verfolgt das klare Ziel, das Wohlbefinden des Menschen zu steigern. In unserer hektischen und schnelllebigen Zeit wird es immer wichtiger, zwischendurch bewusst innezuhalten und hierbei dem Geist, der Seele und dem Körper bewusst Gutes zu tun. Hierbei wird der Schwerpunkt ins Auge gefasst, durch wohltuende Behandlungen in einem schönen, harmonischen Umfeld, durch Bewegung sowie durch gesunde Ernährung vom hektischen Alltag zu entspannen und sich zu regenerieren.

Wellness

Was ist Alpine Wellness?

Für diese Art von Wellness sind die Alpenregionen mit ihrem natürlichen, alpinen Umfeld besonders geeignet. Alpine Heilmittel wie frische Luft, klares Gebirgswasser, Kräuter und Aromen, Bergheu, Steinöl, ätherische Öle und vieles mehr stehen hier im Mittelpunkt. In Kombination mit traditionellem Wissen aus alten Bauernregeln und neuen Erkenntnissen der Ernährungsforschung und Medizin und, um das Leben im Gleichgewicht halten zu können, wurde rund um Alpine Wellness ein neuer, ja alter Trend kreiert. Denn bereits zu Beginn des 19. Jahrhunderts wurden in Südtirol, ja im Alpenraum, durch die Entstehung der alpinen Grandhotels vollkommen neue Akzente des Wohlbefindens in alpiner Landschaft gesetzt. Damit basiert Alpine Wellness auf einer in der Zwischenzeit jahrhundertealten Tradition.

Studien belegen heute eindeutig den gesundheitlichen Nutzen eines Urlaubes in den Bergen. Allein schon die Höhe macht körperliche Reserven frei, und das Erlebnis von Natur, Bewegung und Begegnung verstärken den positiven Effekt. Daher ist Alpine Wellness eine besondere, ja einzigartige Form, Wellness zu erleben, ja zu leben. Während viele Wellness-Philosophien und Anwendungen ihren Ursprung im fernöstlichen Raum haben, steht „Alpine Wellness" für den alpinen Raum und bietet dem Menschen die Besonderheiten aus der alpinen Natur des Alpenraumes. Vom Heubad bis zur Kräutersauna, vom Latschenöl bis zum Bienenhonig, von regionalen Produkten bis zu gesunder, wohlschmeckender Ernährung. Das Ganze umrahmt von einer einzigartigen, ja faszinierenden Bergwelt und Natur. Dies und viel mehr wird unter dem Begriff „Alpine Wellness" verstanden.

Kernkompetenzen von Alpine Wellness, die hierbei geboten werden (nach Barbara Theiner und Bernhard Jochum)

* Alpine Lage
* Alpine Charakteristik
* Alpine Philosophie
* Alpines Naturerleben
* Alpine Ernährung
* Alpines Wasser- und Wärmeerleben

Die vier alpinen Wellness-Säulen sind:

1. *Beauty*
   Die natürliche Schönheit durch alpine Produkte steht hierbei im Mittelpunkt. Denn eine gesunde und gepflegte Erscheinung stärkt das Selbstbewusstsein, den Wert und die Lebensfreude.

2. *Relax*
   Durch Massagen als so genannte Streicheleinheiten, autogenes Training sowie Mentaltraining wird für Entspannung und Wellness schlechthin gesorgt. Der Mensch entspannt sich hierbei, lockert Muskeln und baut Spannungen des Alltags ab. Er taucht hierbei geradezu in eine harmonische Welt des Wohlbefindens ein.

3. *Fitness spüren und erleben*
   Die alpine Landschaft war und ist geprägt von Aktivität und Bewegung. Aktiv gefördert wird hierbei die Durchblutung, die Atmung, sowie der gesamte Stoffwechsel. Durch zusätzliche, aktive sportliche Tätigkeit in alpiner Landschaft fühlt sich der Körper lebendig, vital, beweglich, ja einfach gut. Hierbei laden stille Pfade und Wege, strahlende Gipfel, mystische Plätze und rauschende Flüsse und Bäche geradezu ein, Fitness zu spüren und zu erleben.

4. *Gesunde Ernährung als Alpine Wellness-Küche*
   Essen und Trinken sind die Quellen für körperliche Vitalität, Energie und Motorik. Gleichzeitig ist gesundes Essen und Trinken mitentscheidend für das Wohlbefinden eines Menschen. Daher stehen hierbei alpine Produkte und Gerichte im Mittelpunkt. Diese werden aus regionalen heimischen Produkten und überlieferten Rezepten nach den Kriterien einer modernen zeitgemäßen und gesunden Ernährung zubereitet.

Lebensfroh durch frisches, schmackhaftes Essen aus alpiner Natur
Wir haben heute eine nahezu unüberschaubare Anzahl an Nahrungsmitteln zur Verfügung. Und trotzdem neigen viele Personen dazu, immer wieder das Gleiche zu essen. Denn auch der Mensch ist sehr stark von Gewohnheiten geprägt, die insbesondere beim Essen sehr ausgeprägt sind. Oft denken wir gar nicht darüber nach, was wir täglich in uns hineinstopfen. Vor lauter Hektik schlagen wir uns den Bauch voll, ohne uns darüber viele Gedanken zu machen. Gerade an dieser zentralen Stelle sollten wir unser Verhalten ständig hinterfragen und überprüfen. Denn Essen ist für den Körper und unser Wohlergehen sehr wichtig. Die verschiedenen frischen Lebensmittel, die schmackhaft und mit viel Liebe wohlschmeckend zubereitet und bewusst gegessen werden, vermitteln dem Menschen Lebensfreude und Wohlergehen. Nützen Sie daher die Kraft frischer, ja alpiner Lebensmittel. Suchen Sie bewusst frische, gesunde Lebensmittel aus und bringen Sie die ganze Vielfalt der Produkte in Ihren Speiseplan ein. Lassen Sie sich hierbei nicht abschrecken von langwierigen Kochprozessen. Denn Kochen ist nicht nur Stress und Anstrengung. Nein, Kochen ist vielmehr auch Entspannung, Kreativität und Vorfreude auf den Genuss. Denn Essen muss eine Symbiose von Lust und Genuss darstellen. Und gerade dieses alltägliche Glücksgefühl sollten wir uns auch in Zukunft nicht nehmen lassen.

Die Kraft der alpinen Farben
Farben, und hierbei ganz besonders alpine Farben, üben auf den Menschen eine faszinierende, ja einzigartige Wirkung aus. Daher stellen alpine Farben auch wahre Kraftquellen für den Menschen dar, deren wir uns oft gar nicht bewusst sind.

Die Farbe Gelb steht hierbei für Sonne, Wärme, Licht und Sterne. In diesem Umfeld können wir uns entspannen, ja genießen. Der sternenklare Himmel, der Mond, das Licht lassen uns die wunderbare Schöpfung erleben und das Schöne um uns mit allen Sinnen wahrnehmen.

Die Farbe Rot steht als Symbol für Liebe, Freundschaft, Geborgenheit und Gemeinschaft. Rot ist also die Farbe der Leidenschaft, der Liebe, Farbe der Freude, aber auch der Gefahr.

Die Farbe Grün steht für Vitalität, Frische, Lebensfreude und das Leben schlechthin. Symbol für Kraft und Entspannung. Den Stress hinter sich lassen, in der grünen Wiese liegen und einfach entspannen. Eine Wanderung durch saftige Wiesen und die grünen Wälder belebt und schenkt neue Kraft.

Die Farbe Blau steht für Wasser, Klarheit, Himmel und endlose Weite. Das klare Wasser und der strahlend blaue Himmel schenken uns eine neue Dimension. Blau ist aber auch die Farbe der Sympathie, der Harmonie und der Treue.

Die Farbe Weiß steht für Frieden und Zufriedenheit. Sie ist die Farbe des Guten und die Farbe der Unschuld.

Die Farbe Schwarz steht für Eleganz und Negation. Sie ist die Farbe der Designer und der Jugend.

Die Alpine Wellness-Küche

Grundgedanken und zentrale Aufgabenstellung
Essen ist der Inbegriff von Genuss, Lust und Lebensfreude. Gesundes, schmackhaftes Essen aus regionalen, alpinen Produkten, in einem schönen, authentischen und angenehmen Ambiente ist Teil von Alpine Wellness. Diese Art der Küche kann als eine Weiterentwicklung der Naturküche schlechthin bezeichnet werden.

Professor Kollath als Begründer der modernen Vollwerternährung nimmt in der Naturküche eine wesentliche Rolle ein. Sein Grundsatz in der Ernährung „Lasst unsere Nahrung so natürlich wie möglich" dient als wichtige Grundlage bei der praktischen Umsetzung der „Alpinen Wellness-Küche". Denn auf der Grundlage dieses Leitsatzes bleiben viele wertvolle Vitamine, Mineralstoffe, Spurenelemente, sekundäre Begleitstoffe und natürliche Farbstoffe beim Kochen in vorzüglicher Qualität erhalten.

Die entscheidenden Ansprüche an die „Alpine Wellness-Küche"
* *Vorwiegend heimische, regionale Produkte als wichtigste Grundlage bei der Lebensmittelauswahl.*
* *Die Frische und Qualität der Produkte.*
* *Kräuter und Aromen aus der alpinen Bergwelt als wichtigste Geschmacksträger.*
* *Fett- und kalorienarme Zubereitung der Gerichte.*
* *Farbenfroh, attraktiv und verführerisch in der Präsentation.*
* *Im Einklang mit den aktuellen Erkenntnissen der Ernährungsforschung.*

Alpine Wellness-Küche als zentrale Aufgabenstellung
Der Anspruch an die Alpine Wellness-Küche ist als ganzheitliche Aufgabenstellung zu sehen. Hier verschmelzen Tradition und Moderne zu einer optimalen Symbiose. Der Gast, seine ganz spezifischen Bedürfnisse und sein Wohlbefinden stehen hierbei im Mittelpunkt. Das wesentliche Ziel hierbei ist: Aus frischen, regionalen Produkten, alpinen Aromen und Kräutern, dem Gast ein ganzheitliches, kulinarisches Erlebnis zu bieten, das Alpine Wellness und Wellfit um Ausdruck bringt.

Der Stellenwert einer gesunden Ernährung
Von Professor Primar a. D. Dr. med. Friedrich Oberhollenzer

Die Ernährung hat für den Menschen folgende fundamentalen, ja lebenswichtigen Aufgaben:
* *Die Bereitstellung der kontinuierlich erforderlichen Lebensenergie.*
* *Die Erhaltung und Erneuerung aller Funktions- und Stützgewebe des Organismus.*
* *Die Versorgung mit Wasser, Vitaminen, Elektrolyten, Pflanzenfasern und biologischen Vitalstoffen für den störungsfreien Ablauf aller Lebensvorgänge.*

Der Stellenwert einer gesunden Ernährung kann für die körperliche, seelische und geistige Gesundheit nicht hoch genug angesetzt werden. Bei ungesunder Ernährung kommt es zu schweren Krankheiten und Komplikationen.

Zwei Hauptforderungen
Grundsätzlich muss die gesunde Ernährung zwei Hauptanforderungen erfüllen. Sie muss
* *kaloriengerecht und*
* *nährstoffgerecht*

aufgebaut sein. Die Energiezufuhr muss dem Energieverbrauch entsprechen, und die Energieträger Kohlenhydrate, Fette und Eiweiße müssen im richtigen Verhältnis zusammengestellt sein. Den persönlichen Energieverbrauch in Kalorien berechnet man pro Tag nach folgender Regel:

Körpergewicht × 30 = kcal/Kalorienmenge pro Tag

Achtung: Für körperlich anstrengende Arbeit werden 10 bis 20% noch zusätzlich hinzugefügt.

Die errechnete Kalorienzahl wird dann in folgender Form auf die jeweiligen Nährstoffe aufgeteilt:
* *55% Kohlenhydrate (1 g = 4 kcal)*
* *30% Fette, maximal (1 g = 9 kcal)*
* *15% Eiweiße (1 g = 4 kcal)*

Die Ernährung heute, in den Wohlstandsländern
Diese ist grundsätzlich zu energiereich (ca. 500 kcal täglich zuviel) und zu fettreich (40% statt maximal 30%), also eine deutliche Über- und Fehlernährung. Heute müssten alle Schwerarbeiter sein, um diese Ernährung schadlos zu verkraften. In Wirklichkeit sind wir durch die Technisierung Leichtarbeiter geworden, die Folge ist eine allgemeine Gewichtszunahme. In allen wohlhabenden Ländern, und damit auch in Südtirol, haben 60% der Erwachsenen Übergewicht. Da die Anzahl an Übergewichtigen Jahr für Jahr noch weiter zunimmt, spricht man heute von einer modernen Epidemie (seuchenhaften Ausbreitung). Die Folgekrankheiten Arteriosklerose, Herzinfarkt, Schlaganfall, Diabetes, bösartige Tumore usw. nehmen in erschreckendem Maße ständig zu! An die Stelle von Über- und Fehlernährung muss wiederum eine gesunde Ernährung treten, die kalorien- und nährstoffgerecht ist.

Eines der Hauptanliegen

Eines der Hauptanliegen dieses Werkes ist es, einen Beitrag zur Wiedererziehung zur gesunden Ernährung der Bevölkerung zu leisten. Nicht mit der Waage und/oder der Kalorientabelle, sondern mittels Präsentation von korrekt zusammengestellten Speisen und Menüs sowie mittels der Präsentation von einfachen Regeln und Empfehlungen der Deutschen Gesellschaft für Ernährung (DGE), durch welche die Selbstkomposition einer gesunden Kost ermöglicht wird. Siehe dazu den Ernährungskreis der DGE sowie die 10 Regeln einer vollwertigen Ernährung der DGE auf den nachfolgenden Seiten.

Im Mittelpunkt der gesunden Ernährung

Hier stehen heute Getreideprodukte, Gemüse und Obst. Denn sie machen 70% aller empfohlenen Nahrungsmittel aus. Dadurch werden die tierischen Nahrungsmittel wie Fleisch, Wurst, Speck, Eier, Milch, Butter und Käse stark eingeschränkt, was wiederum zu einer Reduktion der Energiedichte der Kost führt. Dies jedoch bei gleichzeitiger Erhöhung des Volumens mit Sättigungseffekt. Bei Obst und Gemüse lautet die neueste Empfehlung der DGE 5 × täglich 1 Portion. Damit ist die Versorgung mit Vitaminen, Elektrolyten, Pflanzenfasern und auch mit neu entdeckten biovitalen Pflanzeninhaltsstoffen abgesichert. Letzte haben neben den Vitaminen gesundheitsprotektive Funktionen. Sie sind in den Farbpigmenten und in den Geruchs- und Geschmacksstoffen von Obst und Gemüse enthalten. Bisher bewiesene Wirkungen sind Gefäßschutz, Thromboseprophylaxe, Stärkung des Immunsystems und die Hemmung von Tumorzellen. Erst heute wissen wir, warum diese Nahrungsmittel, die wegen Ihrer Farbenpracht und Geschmacksqualität immer schon sehr beliebt waren, einen so hohen Stellenwert in der gesunden Ernährung einnehmen. Weitere neue Erkenntnisse auf diesem Gebiet sind zu erwarten.

Fett muss eingeschränkt werden

Nahrungsfette sind die größten Energielieferanten. Sie schmecken ausgezeichnet, am vorzüglichsten die tierischen Fette. Sie erleichtern den Kochvorgang, sättigen jedoch nur sehr begrenzt und „machen fett". Daher müssen sie heute auf maximal 30% der Energiemenge eingeschränkt werden.

Die Fette werden eingeteilt in:

* **Gesättigte Fettsäuren.** *Das sind tierische Fette, sie sind bei Raumtemperatur fest, enthalten Cholesterin und bei übermäßigem Angebot führen sie zu Blut-, Gewebe- und Organverfettung.*
* **Ungesättigte Fettsäuren.** *Das sind pflanzliche Fette und Öle, sie sind bei Raumtemperatur flüssig, erhöhen das Cholesterin nicht, sondern optimieren es im Blut. Besonders das Olivenöl.*
* **Hoch ungesättigte Omega-3-Fettsäuren.** *Werden auch essentielle Fettsäuren genannt, da sie der Körper nicht aufbauen kann und daher müssen sie von außen zugeführt werden. Sie finden sich nur in Meeresfischen und Meeralgen. Omega-3-Fettsäuren verbessern die Funktion der Phospholipide der Zellmembrane. Besonders ihre Permeabilität und elektrische Leitungsfähigkeit, was sich wiederum auf lebenswichtige biologische Prozesse wie Herzrhythmus, Entzündungsreaktionen, Blutgerinnung, Immunantwort und Entzündungsreaktionen im allgemeinen sehr positiv auswirkt.*

Daher die Empfehlung 2 × wöchentlich eine Meeresfischmahlzeit, um genügend essentielle Omega-3-Fettsäuren zuzuführen. Eine große internationale Studie hat erwiesen, dass die Mortalität nach Herzinfarkt um 45% gesenkt werden kann, wenn Omega-3-Fettsäuren zugeführt werden.

Grundsätzliche Empfehlung heute
Von den erlaubten 30% Nahrungsfett sollen zwei Drittel pflanzliche und nur ein Drittel tierische Fette sein.

Persönliche Empfehlung als Mediziner
Der hohe Stellenwert der „Gesunden Ernährung" ist für die Gesundheit des Einzelnen und für die Volksgesundheit absolut gesichert! Die zahlreichen Speisen und Menüs in diesem Buch entsprechen alle den Anforderungen der gesunden Ernährung bei Wahrung der Genuss- und Gaumenfreuden des Essens. Die Regeln und Empfehlungen der Deutschen Gesellschaft für Ernährung (DGE) sollen Ihnen bei der Selbstzubereitung einer gesunden Ernährung helfen.
Die Verfasser dieses Buches hoffen und wünschen, dass durch dessen Verbreitung die „Gesunde Ernährung" in unserer Bevölkerung wesentlich gefördert wird!

Der Ernährungskreis der deutschen Gesellschaft für Ernährung (DGE) als Grundlage für das Wohlbefinden

Der Ernährungskreis der DGE ist ein Wegweiser für eine vollwertige und gesunde Lebensmittelauswahl. Der Ernährungskreis ist im Vergleich zu anderen Visualisierungsformen von Ernährungsempfehlungen die einzige bildhafte Darstellung, bei welcher die Segmentgröße zugleich ein Maß für die Lebensmittelmenge ist. Die Größe der Segmente verdeutlicht das Mengenverhältnis der einzelnen Lebensmittelgruppen zueinander.

1 *Vollkorn, Brot, Getreide und Beilagen*
2 *Gemüse*
3 *Obst*
4 *Milch und Milchprodukte*
5 *Fleisch, Fisch, Wurst und Eier*
6 *Fette und Öle*
7 *Flüssigkeitszufuhr, Getränke*

Die Segmentgröße ist auf der Grundlage der DACH-Referenzwerte für die Nährstoffzufuhr berechnet. Der DGE-Ernährungskreis verdeutlicht, dass bei einer vollwertigen Ernährung pflanzliche Lebensmittel, wie Getreideprodukte, vorzugsweise aus Vollkorn, Gemüse und Obst im Mittelpunkt der Ernährung stehen. Ergänzt wird diese Basis idealerweise durch fettarme Milchprodukte, Fleisch, Fisch, pflanzliche Fette und Öle. Eine ausreichende Flüssigkeitszufuhr muss die Nahrungsaufnahme begleiten. Eine Lebensmittelauswahl gemäß DGE-Ernährungskreis ist eine verlässliche Grundlage für die Umsetzung einer vollwertigen Ernährung. Die bedarfsgerechte und ausreichende Zufuhr von Nährstoffen, Ballaststoffen und sekundären Pflanzenstoffen kann damit sichergestellt werden und ist damit ein Beitrag zur Vorbeugung ernährungsbedingter Gesundheitsstörungen.

Die Darstellung der Lebensmittel verdeutlicht, dass der Ernährungskreis eine Grundorientierung für die Lebensmittelauswahl bietet und keine strengen Vorschriften für bestimmte Mahlzeiten oder Produkte macht. Brillante Fotos, ansprechende Farbgestaltung und modernes Design des neuen DGE-Ernährungskreises regen an, beim täglichen Essen und Trinken aus der saisonalen Vielfalt des Lebensmittelangebots abwechslungsreich, aber maßvoll auszuwählen. Wichtig ist, dass die ganze Vielfalt der Lebensmittelgruppen genutzt wird – gibt es doch etwa im Frühjahr mit Spargel oder Erdbeeren ganz andere Angebote als im Herbst, wo zum Beispiel verschiedene Kohlsorten den Speiseplan bereichern.

Neu am DGE-Ernährungskreis 2003 ist die zentrale Position der Getränke, repräsentiert durch das Wasserglas. Als Symbol für den Bedarf an Flüssigkeit macht es klar: Kalorienarme oder kalorienfreie Getränke sind die bessere Wahl.

Vollwertig Essen und Trinken nach den 10 Regeln der DGE

Nunmehr liegt die neueste Version „Vollwertig essen und trinken nach den 10 Regeln der DGE" vor. Völlig neu sind die Regeln zum Bewegungsverhalten und zur Esskultur. Die DGE ist der Ansicht, dass zur Vorbeugung gegen ernährungsbedingte Erkrankungen neben der vollwertigen Ernährung auch Bewegung und Sport von großer Bedeutung sind, und würdigt diesen Aspekt mit einer eigenen Regel. Aber auch kulturelle und soziale Aspekte des Essens sind für Wohlbefinden und Gesundheit und nicht zuletzt für die Ausprägung eines sinnvollen Essverhaltens von großer Bedeutung, so dass diesem Thema ebenfalls eine Regel eingeräumt wurde.

1. Vielseitig essen
Genießen Sie die Lebensmittelvielfalt. Es gibt keine „gesunden", „ungesunden" oder gar „verbotenen" Lebensmittel. Auf die Menge, Auswahl und Kombination kommt es an.

2. Getreideprodukte mehrmals am Tag und reichlich Kartoffeln
Brot, Nudeln, Reis, Getreideflocken, am besten aus Vollkorn, sowie Kartoffeln enthalten kaum Fett, aber reichlich Vitamine, Mineralstoffe, Spurenelemente sowie Ballaststoffe und sekundäre Pflanzenstoffe.

3. Gemüse und Obst – nimm „5" am Tag
Genießen Sie 5 Portionen Gemüse und Obst am Tag, möglichst frisch, nur kurz gegart, oder auch als Saft, idealerweise zu jeder Hauptmahlzeit und auch als Zwischenmahlzeit: Damit werden Sie reichlich mit Vitaminen, Mineralstoffen sowie Ballaststoffen und sekundären Pflanzenstoffen (zum Beispiel Carotinoiden, Flavonoiden) versorgt. Das Beste, was Sie für Ihre Gesundheit tun können.

4. Täglich Milch und Milchprodukte, einmal in der Woche Fisch; Fleisch, Wurstwaren sowie Eier in Maßen
Diese Lebensmittel enthalten wertvolle Nährstoffe, wie zum Beispiel Calcium in Milch, Jod, Selen und Omega-3-Fettsäuren in Seefisch. Fleisch ist wegen des hohen Gehalts an verfügbarem Eisen und an den Vitaminen B1, B6 und B12 vorteilhaft. Mengen von 300 bis 600 Gramm Fleisch und Wurst pro Woche reichen hierfür aus. Bevorzugen Sie fettarme Produkte, vor allem bei Fleischerzeugnissen und Milchprodukten.

5. Wenig Fett und fettreiche Lebensmittel
Fettreiche Speisen schmecken zumeist besonders gut. Zu viel Nahrungsfett macht allerdings fett und fördert langfristig die Entstehung von Herz-Kreislauf-Krankheiten und Krebs. Halten Sie darum das Nahrungsfett in Grenzen. 70 bis 90 Gramm Fett, möglichst pflanzlicher Herkunft, am Tag, das heißt ein gutes Drittel weniger als bisher, liefern ausreichend lebensnotwendige (essentielle) Fettsäuren und fettlösliche Vitamine und runden den Geschmack der Speisen ab. Achten Sie auf das unsichtbare Fett in manchen Fleischerzeugnissen und Süßwaren, in Milchprodukten und im Gebäck.

6. Zucker und Salz in Maßen
Genießen Sie Zucker und mit Zuckerzusatz hergestellte Lebensmittel beziehungsweise Getränke nur gelegentlich. Würzen Sie kreativ mit Kräutern und Gewürzen und wenig Salz. Verwenden Sie auf jeden Fall jodiertes Speisesalz.

7. Reichlich Flüssigkeit
Wasser ist absolut lebensnotwendig. Trinken Sie rund 1,5 Liter Flüssigkeit jeden Tag. Alkoholische Getränke sollen nur gelegentlich und dann in kleinen Mengen konsumiert werden (von Männern zum Beispiel 0,5 Liter Bier oder 0,25 Liter Wein oder 0,06 Liter Branntwein pro Tag, von Frauen die Hälfte davon. Dies entspricht etwa 20 Gramm bzw. 25 Milliliter reinem Alkohol).

8. Schmackhaft und schonend zubereiten
Garen Sie die jeweiligen Speisen bei möglichst niedrigen Temperaturen, soweit es geht kurz, mit wenig Wasser und wenig Fett. Das erhält den natürlichen Geschmack, schont die Nährstoffe und verhindert die Bildung schädlicher Verbindungen.

9. Nehmen Sie sich Zeit, genießen Sie Ihr Essen
Bewusstes Essen hilft, richtig zu essen. Auch das Auge isst mit. Lassen Sie sich Zeit beim Essen. Das macht Spaß, regt an, vielseitig zuzugreifen und fördert das Sättigungsempfinden.

10. Achten Sie auf Ihr Wunschgewicht und bleiben Sie in Bewegung
Mit dem richtigen Gewicht fühlen Sie sich wohl und mit reichlich Bewegung bleiben Sie in Schwung. Tun Sie etwas für Fitness, Wohlbefinden und Ihre Figur!

Alpine Wellness

Das fleischlose
alpine Wellness-Menü

*Vitaldrink aus der Karotte
mit Traubenkernöl*
Seite 36

*Erdäpfelschlutzer
mit Pfifferlingen und Frischkäse*
Seite 90

*Ragout von alpinen Süßwasser-
fischen im Kräutersud*
Seite 132

*Scheiterhaufen von der Zwetschge
auf Zitronenmelissenschaum*
Seite 182

Das alpine ovo lakto
vegetarische Wellness-Menü

Bergblütenbowle mit Schaumwein
Seite 38

*Mousse aus schwarzen Beluga-
Linsen mit bunten, herzhaften
Salaten*
Seite 60

*Aromatischer Tee
aus alpinem Gartengemüse
mit kleinen Nudelpralinen*
Seite 84

*Gröstel aus weißem und
grünem Spargel mit Spiegelei
von der Wachtel*
Seite 96

*Gebackenes Aromatörtchen
mit Himbeeren und Fichtenhonig*
Seite 184

Das alpine Wellness-Menü
aus heimischen Köstlichkeiten

*Südtiroler Speck mit bunten
Salaten, Melonenperlen und
gehobeltem Bergkäse*
Seite 44

*Aromasüppchen vom Alpenapfel
mit Zitronenmelisse*
Seite 82

*Kaninchen mit Rosmarin gebraten
mit buntem Gemüse und Schnitt-
lauchknödel*
Seite 166

*Süße Vanillenudeln mit Kompott
vom Alpenapfel und Himbeeren*
Seite 196

ALPINE WELLNESS-KÜCHE

Menüvorschläge

Alpine Wellness-Regionalität
spüren und erleben

Wellness-Drink aus Buttermilch
Seite 41

**Graukäse-Lauchtörtchen
auf geschmolzenen Tomaten
mit Wiesenkräutern**
Seite 92

**Lachsforellenfilet auf Sauerkraut
in Kümmel-Rahmsauce**
Seite 136

**Alpines Bauernbratl vom Milchkalb
mit buntem Wurzelgemüse**
Seite 150

**Zweierlei von der Birne
mit Eis aus brauner Schokolade**
Seite 206

Kulinarische Wellness-Impressionen
aus hochalpiner Natur

**Drink von der Molke mit frisch
gepresstem Saft aus der Birne**
Seite 36

**Gebratene Filetstücke vom Reh
mit kleiner Gemüserohkost und
Gartenkräutern**
Seite 62

**Medaillon vom Saibling
mit Krebsschwänzen
in Blauburgunderbutter**
Seite 146

**Entrecote vom Hirsch
mit Waldpilzen und Wiesenkräutern überbacken**
Seite 162

**Karamellisierter Mohnschmarren
mit Apfelperlen und Erdbeeren**
Seite 198

Wellfit, pfiffig und leicht –
Die leichte, sehr kalorienarme
Menüvariante

Erfrischender Gemüseauszug
Seite 40

**Frischkäse mit Rucola,
Löwenzahnspitzen und
Wellness-Kräutern**
Seite 56

**Stroganoff aus Waldpilzen
mit gedünstetem Langkornreis**
Seite 98

**Waldbeeren mit Joghurteis
und karamellisierter Haselnuss-
Blätterteigstange**
Seite 186

Alpine Produkte, Aromen und Düfte, wie Getreide, vollwertige Mehle, frische Buttermilch, aromatischer Speck, getrocknete Birnen, Brotklee und vieles mehr, stellen die aromatische Grundlage für die jeweiligen Brotspezialitäten dar.

Knusprige
Brotspezialitäten
mit alpinen Aromen und Düften

Buttermilchbrot

Für 2 Kastenformen

50 g	lauwarmes Wasser
30 g	Hefe
250 g	Mehl
250 g	Roggenvollkornmehl
230 g	Buttermilch
2 TL	Honig
60 g	Sesam
10 g	Salz
	Garnitur
30 g	Haferflocken

ZUBEREITUNG

- Das lauwarme Wasser und die Hefe glatt rühren.
- Die Mehlsorten mischen und zusammen mit den restlichen Zutaten zum Wasser-Hefegemisch geben und 10 Minuten zu einem geschmeidigen Teig kneten.
- 30 Minuten an einem warmen Ort (35 Grad) aufgehen lassen, bis der Teig das doppelte bis dreifache Volumen erreicht hat.
- Aus dem Teig zwei Rollen formen und diese in zwei gefettete und mit Mehl bestaubte Formen legen. Nochmals 20 Minuten zugedeckt an einem warmen Ort gehen lassen.
- Mit etwas Buttermilch bestreichen und mit Haferflocken bestreuen.
- Das Rohr auf 180 Grad vorheizen, die Brote einschieben und backen.
- Das Brot herausnehmen und auf einem Kuchengitter oder einem Leinentuch auskühlen lassen.

Gartemperatur: 180 Grad
Garzeit: 40 Minuten

UNSERE TIPPS

* Anstatt Haferflocken können Sie Sesam oder Leinsamen verwenden.
* Die Buttermilch können Sie durch Sauerrahm ersetzen.
* Garprobe: Das Brot ist ausgebacken, sobald es sich beim Klopfen hohl anhört.

Aroma-Gewürzbrot

Für 2 Kastenformen

250 g	Weizenvollkornmehl
150 g	Roggenmehl
10 g	Hefe
200 ml	Wasser
100 g	Milch
50 g	Zwiebel, fein gehackt
2	Knoblauchzehen, fein gehackt
8 g	Salz
20 g	Butter
1 EL	frische, gehackte Kräuter und Gewürze (Rosmarin, Fenchelsamen, Muskat, Schnittlauch, Petersilie)

ZUBEREITUNG

- Die Mehlsorten mit den Kräutern und Gewürzen gut mischen.
- Hefe, etwas vom Wasser und etwas Mehl glatt rühren und an einem warmen Ort aufgehen lassen, bis das dreifache Volumen entsteht, ein so genanntes Dampfl.
- Zwiebel und Knoblauch in der Butter goldgelb anschwitzen.
- Alle Zutaten zusammen mit dem Dampfl in der Maschine oder mit der Hand 10 Minuten zu einem Teig kneten.
- Den Teig an einer warmen Stelle bei 35 Grad aufgehen lassen, bis der Teig das doppelte bis dreifache Volumen erreicht hat.
- Den Teig in zwei gleich große Stücke teilen. Diese abrollen und in ausgefettete und mit Mehl ausgestaubte Formen legen.
- Nochmals an einem warmen Ort bei 35 Grad aufgehen lassen, bis der Teig wiederum das doppelte bis dreifache Volumen erreicht hat.
- In das vorgeheizte Rohr schieben und 40 Minuten backen. Aus der Form stürzen und auskühlen lassen.

Gartemperatur: 180 Grad
Garzeit: 40 Minuten

UNSER TIPP

* Verwenden Sie nach Möglichkeit frisch gemahlenes Weizenmehl, da dieses wesentlich aromatischer ist.

Tiroler Speckbrot

Für 3 Brotlaibe

10 ml	Öl
100 g	Speck, in Würfel geschnitten
175 ml	Milch
30 g	Hefe
1 TL	Zucker
150 g	Weizenvollkornmehl
200 g	Roggenmehl
150 g	Mehl
125 ml	Wasser
1 TL	Salz
1 EL	Kräuter, gehackt (Fenchelsamen, Koriander, Rosmarin)

ZUBEREITUNG

- Eine Pfanne erhitzen, das Öl beigeben und die Speckwürfel darin anrösten.
- Die Milch auf 35 Grad erwärmen und mit der Hefe und dem Zucker glatt rühren.
- Die Mehle mischen, die Speckwürfel sowie die restlichen Zutaten beigeben und 10 Minuten zu einem glatten Teig kneten.
- Zugedeckt an einem warmen Ort bei 35 Grad aufgehen lassen, bis der Teig das doppelte oder dreifache Volumen erreicht hat.
- Aus dem Teig drei längliche Brote abrollen und auf ein gefettetes Backblech legen.
- Die Teigrollen mit einem scharfen Messer quer einschneiden und mit der Sahne bestreichen und 20 Minuten bei 35 Grad aufgehen lassen.
- Das Rohr vorheizen. Die Brote einschieben und backen.

Gartemperatur: 180 Grad

Garzeit: 40 Minuten

UNSERE TIPPS

* *Backprobe: Bei leichtem Klopfen auf den Brotboden muss der Klang hohl sein.*
* *Sie können je nach Wunsch Schinken- oder Bauchspeck verwenden.*

Kross gebackene Getreidestangerln

50 Stück

200 g	Dinkelvollkornmehl
200 g	Weizenvollkornmehl
100 g	Roggenmehl
20 g	Leinsamen
20 g	Sesam
25 g	Hefe
380 g	lauwarmes Wasser
10 g	Salz

Garnitur

20 g	Leinsamen
50 ml	Sahne

ZUBEREITUNG

- Die einzelnen Mehlsorten mit dem Leinsamen und dem Sesam durchmischen.
- Die Hefe im lauwarmen Wasser (35 Grad) auflösen.
- Die Mehlmischung sowie das Salz beigeben und 10 Minuten zu einem geschmeidigen Teig kneten. An einem warmen Ort etwa 20 Minuten aufgehen lassen.
- Den Teig in kleine Röllchen bzw. Stangerln abrollen. Diese mit Sahne bestreichen und mit Leinsamen bestreuen.
- Nochmals 20 Minuten bei 35 Grad aufgehen lassen.
- Das Rohr auf 180 Grad vorheizen und dann die Brotstangen einschieben und backen.
- Die Getreidestangerln herausnehmen und auf einem Kuchengitter oder einem Tuch auskühlen lassen.

Gartemperatur: 180 Grad

Garzeit: 12 Minuten

UNSERE TIPPS

* *Als zusätzliche Gewürze eignen sich getrockneter Brotklee, Rosmarin, Fenchelsamen und Koriander.*
* *Der Leinsamen kann durch gemahlenen Mohn, Sesam oder Haferflocken ersetzt werden. Somit bietet sich Ihnen ein wunderbares kulinarisches Spiel.*
* *Dieser Brotteig kann auch vorzüglich in einer Kastenform gebacken werden.*

Bergblumen-Aromabrot

Für 2 Brotlaibe

350 g	Wasser
25 g	Hefe
1 TL	Honig
500 g	Weizenvollkornmehl
30 g	Bergblütenheu, fein gehackt
10 g	getrocknete Blütenblätter (Ringelblume, Thymian und Salbei)
10 g	Salz
½ TL	Fenchelsamen, fein gehackt

ZUBEREITUNG

- Das Wasser auf 35 Grad erhitzen, in eine Schüssel geben und die Hefe und den Honig darin auflösen.
- Das Mehl, das fein gehackte Bergblütenheu und die restlichen Zutaten beigeben und alles zusammen 10 Minuten zu einem Teig verkneten.
- Anschließend bei 35 Grad 20 Minuten aufgehen lassen.
- Den Teig teilen und jeweils abrollen und wiederum 20 Minuten bei 35 Grad aufgehen lassen.
- Vor dem Backen die Laibe mit Milch, Sahne oder Wasser bestreichen. Die Brote in den vorgeheizten Ofen schieben und backen.

Gartemperatur: 200 Grad
Garzeit: 40 Minuten

UNSERE TIPPS

* *Wenn ein Muster gewünscht ist, vor der zweiten Ruhezeit einschneiden.*
* *Garprobe: Das Brot ist ausgebacken, sobald es sich beim Klopfen hohl anhört.*
* *Falls Sie kein Bergheu von ungedüngten Wiesen zur Verfügung haben, können Sie dieses auch durch gehackte Kräuter ersetzen.*
* *Die Blüten können Sie im Fachhandel oder im Reformhaus in bereits getrockneter Form kaufen.*

Bauernbrot mit Brotklee

Für 3 Brotlaibe

15 g	Hefe
15 g	Salz
150 g	Sauerteig
600 g	Wasser
450 g	Dinkelvollkornmehl, fein
300 g	Roggenvollkornmehl
10 g	Brotklee

Zutaten für den Sauerteig

100 g	Naturjoghurt
50 g	Roggenmehl

ZUBEREITUNG

- Für den Sauerteig Naturjoghurt und Roggenmehl durchrühren und bei 35 Grad 8 Stunden zugedeckt gehen und säuern lassen. Immer wieder durchrühren.
- Hefe, Salz und Sauerteig im Wasser auflösen. Die Mehlsorten mischen und mit den restlichen Zutaten zur vorher angeführten Mischung geben und 10 Minuten zu einem Teig kneten.
- Zugedeckt bei 35 Grad 30 Minuten gehen lassen, bis der Teig das doppelte Volumen erreicht hat. Den Teig nochmals kurz kneten und weitere 10 Minuten bei 35 Grad gehen lassen.
- Aus dem Teig drei Brote formen, auf ein Backblech setzen und mit einem Tuch abgedeckt, nochmals für etwa 30 Minuten aufgehen lassen.
- Das Brot bei 220 Grad 10 Minuten backen, dann bei 180 Grad 30 Minuten ausbacken.
- Das Brot aus dem Ofen nehmen, mit Wasser bestreichen (dadurch entsteht ein schöner Glanz) und auf einem Gitterrost oder auf einem Tuch auskühlen lassen.

Gartemperatur: 220 Grad, dann 180 Grad
Garzeit: 40 Minuten

UNSERE TIPPS

* *Garprobe: Das Brot ist ausgebacken, sobald es sich beim Klopfen hohl anhört.*
* *Den Sauerteig können Sie auch direkt beim Bäcker kaufen.*
* *Eventuell können Sie den Sauerteig auch auf Vorrat einfrieren.*

Kleine Grünkernweckerln

mit Walnüssen und Kletzen (getrocknete Birnen)

Für 4 kleine Weckerln zu 300 g

40 g	Hefe
300 g	Wasser
1	Ei
60 g	Honig
10 g	Salz
150 g	Grünkernmehl
350 g	Dinkelvollkornmehl
50 g	Butter, zerlassen
100 g	Walnüsse, gehackt
100 g	Kletzen (getrocknete Birnen), geschnitten

Garnitur

20 g Sonnenblumenkerne zum Bestreuen

ZUBEREITUNG

- Hefe im Wasser auflösen und mit Salz, Ei und Honig durchrühren.
- Die Mehlsorten mischen, die Butter beigeben und 10 Minuten zu einem Teig kneten.
- Am Ende des Knetvorganges die Walnüsse und die Kletzen einarbeiten.
- Den Teig 30 Minuten zugedeckt bei 35 Grad rasten lassen.
- In vier gleich große Stücke teilen und diese zu Weckerln (Rollen) abrollen.
- Mit Wasser bestreichen und mit den Sonnenblumenkernen bestreuen und nochmals 30 Minuten bei 35 Grad aufgehen lassen.
- Das Rohr vorheizen. Die Brote einschieben, bei 200 Grad 10 Minuten backen und dann bei 180 Grad 20 Minuten ausbacken.
- Aus dem Ofen nehmen und auskühlen lassen.

Gartemperatur: 200 Grad, dann 180 Grad
Garzeit: 40 Minuten

UNSERE TIPPS

* *Um den Geschmack zu verbessern können Sie das Grünkernmehl kurz in einer Pfanne anrösten.*
* *Die Brote in Scheiben schneiden und kurz toasten. Somit wird das Aroma entscheidend verbessert.*

Kleine Schüttelbreatlan

Für etwa 25 kleine Brötchen im Durchmesser von 6 cm

150 g	Wasser
20 g	Hefe
1 TL	Honig
150 g	Mehl
80 g	Weizenvollkornmehl
20 g	Roggenvollkornmehl
5 g	Salz
1 TL	Fenchel-, Kümmel- und Brotkleesamen, fein gehackt

ZUBEREITUNG

- Das Wasser mit der Hefe und dem Honig glatt rühren. Die Mehlsorten mischen und die restlichen Zutaten beimengen.
- 10 Minuten zu einem Teig kneten.
- Anschließend bei 35 Grad 15 Minuten aufgehen lassen.
- Den Teig nochmals kurz kneten und wiederum 30 Minuten aufgehen lassen.
- Den Teig ausrollen, ausstechen und auf gefettete und mit Mehl bestaubte Bleche legen.
- Wiederum 10 Minuten aufgehen lassen und die Breatlan vor dem Backen mit Wasser bestreichen.
- Im vorgeheizten Ofen backen.

Gartemperatur: 180 Grad
Garzeit: 10 Minuten

UNSERE TIPPS

* *Dieser Teig eignet sich auch sehr gut für dünne Grissini.*
* *Das Brot kann man auch mit Kümmel, Sesam oder Anis bestreuen, was recht dekorativ aussieht.*

Rustikales Gewürzfenchelbrot

Für 2 Kastenformen

350 g	Wasser
25 g	Hefe
400 g	Dinkelvollkornmehl
200 g	Roggenvollkornmehl
10 g	Salz
1 TL	Fenchelsamen, gemahlen
1 TL	Fenchelkraut, gehackt

Garnitur

1 TL	Fenchelsamen zum Bestreuen

ZUBEREITUNG

- Das Wasser auf 35 Grad erwärmen, die Hefe beigeben und glatt rühren.
- Nun alle anderen Zutaten hinzufügen, 10 Minuten zu einem Teig kneten und bei 35 Grad 20 Minuten aufgehen lassen.
- Den Teig nochmals kurz kneten und wiederum 30 Minuten bei 35 Grad aufgehen lassen.
- Die Kastenformen leicht mit Öl ausstreichen und mit Mehl ausstreuen.
- Nun den Teig halbieren, die zwei Teile kurz abrollen und in die Kastenformen legen. Den Teig mit Wasser bestreichen und mit Fenchelsamen bestreuen.
- Bei 35 Grad nochmals 25 Minuten aufgehen lassen.
- Das Rohr vorheizen. Die Brote einschieben, bei 180 Grad 10 Minuten backen und dann bei 160 Grad 30 Minuten ausbacken.
- Aus dem Ofen nehmen, stürzen und auf einem Gitterrost oder einem Tuch auskühlen lassen.

Gartemperatur: 180 Grad, dann 160 Grad
Garzeit: 40 Minuten

UNSERE TIPPS

* Den Teig können Sie auch mit kaltem Wasser herstellen und im Kühlschrank über Nacht aufgehen lassen. Somit wird die Teigstruktur noch feiner.
* Fenchel fördert sehr gut die Verdauung.

Striezel aus Urkorn mit Wiesenkümmel

Für 20 kleine Striezel (Weggerln)

125 g	lauwarme Milch
20 g	Hefe
40 g	Honig
1 Prise	Salz
250 g	Dinkelvollkornmehl
75 g	Butter, zerlassen
2	Eigelb, um Bestreichen

Gewürze

	Zitronenschale, gerieben
2 TL	Wiesenkümmel (als Ersatz Kümmel)

ZUBEREITUNG

- Hefe, Honig und Salz in der lauwarmen Milch glatt rühren.
- Dinkelvollkornmehl und die Butter beigeben und 10 Minuten zu einem Teig kneten.
- 30 Minuten bei 35 Grad zugedeckt aufgehen lassen.
- Den Teig kurz abrollen und anschließend 20 gleich große Stücke schneiden, in 60 cm lange Teigstangen ausrollen, jeweils in drei gleich lange Stücke schneiden und daraus Zöpfe flechten.
- Auf ein gefettetes Backblech legen, mit dem Eigelb bestreichen und mit Wiesenkümmel bestreuen.
- Bei 35 Grad 35 Minuten aufgehen lassen.
- Im vorgeheizten Rohr backen.

Gartemperatur: 170 Grad
Garzeit: 15 Minuten

UNSERE TIPPS

* Den Wiesenkümmel können Sie im Reformhaus kaufen oder Sie können diesen ab 15. August auf Bergwiesen selbst ernten. Die Samen trocknen und in einem verschlossenen Glas aufbewahren.
* Wiesenkümmel hat ein ungemein lieblicheres Aroma als herkömmlicher Kümmel.
* Selbstverständlich können Sie als Ersatz auch herkömmlichen Kümmel verwenden.

Alpine vitamin- und vitalstoffreiche Wellfit-Getränke machen uns fit für den Alltag. Sie vermitteln uns nicht zuletzt Lebensfreude und Vitalität. Hierbei stehen alpine Produkte wie Milch, Joghurt, Früchte, Gemüse, frisches Wasser, Kräuter und Aromen im Mittelpunkt.

Wellfit-Getränke
und Teeangebote aus der alpinen Natur

Drink von der Molke

mit frisch gepresstem Saft aus der Birne

Für 4 Personen

- 400 ml Molke
- 300 ml frisch gepresster Birnensaft
- 80 ml Sahne
- ½ Zitrone, Saft
- 100 ml Mineralwasser

Garnitur
etwas Zitronenmelisse

ZUBEREITUNG

- Fruchtmolke gut kühlen, den Birnensaft sowie die Sahne beigeben und einrühren.
- Mit Zitronensaft abschmecken.
- Das Mineralwasser kurz vor dem Servieren beigeben.
- In schöne Gläser füllen, Zitronenmelisse dazugeben und servieren.

UNSERE TIPPS

* *Den Birnensaft können Sie mit Apfel- oder Traubensaft ersetzen.*
* *Sie können auch naturtrübe Fruchtsäfte einsetzen.*
* *Gekühlt servieren, damit ist dieser Drink besonders erfrischend.*
* *Die Molke können Sie durch Fruchtmolke ersetzen.*

Vitaldrink aus der Karotte

mit Traubenkernöl

Für 4 Personen

- 800 g Karotten, geschält
- 200 ml Mineralwasser
- 1 TL Traubenkernöl
- ½ Zitrone, Saft
- 1 Prise Meersalz

ZUBEREITUNG

- Die Karotten in der Maschine entsaften.
- Das Mineralwasser in den Saft einfließen lassen.
- Mit Meersalz, Traubenkernöl und Zitronensaft abschmecken.
- In passenden Gläsern servieren.

UNSERE TIPPS

* *Das Traubenkernöl kann mit jedem anderen hochwertigen Öl ersetzt werden. Zum Beispiel mit Olivenöl.*
* *Die Ölzugabe unterstützt die Resorption der fettlöslichen Vitamine.*
* *Das Meersalz können Sie auch durch normales Salz austauschen oder Sie können darauf verzichten.*

Lauwarmer Tee aus Berberitzen

und braunem Kandiszucker

Für 4 Personen

- 700 ml Wasser
- 40 g getrocknete Berberitzenfrüchte
- 50 g getrocknete Apfelschalen
- 2 Zitronenmelisseblätter
- 20 g brauner Kandiszucker

ZUBEREITUNG

- Die Berberitzen mit einem Nudelholz abrollen, damit die getrockneten Früchte aufspringen.
- Das Wasser aufkochen. Dieses über die Berberitzen, die Apfelschalen und die Zitronenmelisse gießen.
- Das Gemisch etwa 10 Minuten ziehen lassen.
- Durch ein feines Sieb seihen und mit dem Kandiszucker süßen.
- In Gläsern lauwarm servieren.

UNSERE TIPPS

* *Die Berberitzen können Sie im Frühherbst an Sonnenhängen in den Bergen selbst ernten.*
* *Die Samen sollten Sie hierbei entfernen, da diese ein sehr bitteres Aroma aufweisen.*
* *Die Berberitzen kann man auch im Reformhaus oder in der Apotheke kaufen.*
* *Der Kandiszucker kann mit Honig oder Zucker ersetzt werden.*

Drink aus Naturjoghurt und Weintrauben

Für 4 Personen

300 ml	Naturjoghurt
100 ml	Milch
200 ml	frisch gepresster Saft von weißen Trauben
½	Zitrone, Saft
1 EL	Honig zum Süßen

ZUBEREITUNG

- Naturjoghurt mit Milch und frisch gepresstem Saft aus weißen Trauben mit einem Schneebesen durchrühren.
- Mit Zitronensaft und Honig verfeinern.
- Im Glas anrichten und servieren.

UNSERE TIPPS

* Sie können diesen Drink auch mit 200 ml Mineralwasser aufspritzen.
* Als Ersatz für die weißen Trauben können auch blaue Trauben verwendet werden.
* Ebenso können Sie den frisch gepressten Traubensaft durch einen zugekauften Saft ersetzen.

Bergblütenbowle mit Schaumwein

Für 4 Personen

1	Apfel
1 TL	getrocknete Bergblüten
50 g	Staubzucker
125 ml	Weißwein
50 ml	Grand Marnier
50 g	Himbeeren
125 ml	Sekt
200 ml	Mineralwasser

Garnitur
einige Apfelperlen

ZUBEREITUNG

- Apfel schälen, Kernhaus ausstechen und das Fruchtfleisch in Würfel schneiden.
- Apfelwürfel, einige Bergblüten und die Himbeeren in das Bowlegefäß geben.
- Mit dem Staubzucker bestreuen und zugedeckt 1 Stunde ziehen lassen.
- Den Weißwein und den Grand Marnier über die Früchte gießen und nochmals 1 Stunde ziehen lassen.
- Kurz vor dem Servieren den gekühlten Sekt und das kalte Mineralwasser aufgießen.
- In Bowlegläsern anrichten und mit einigen Apfelperlen servieren.

UNSERE TIPPS

* Bergblüten können Sie selbst trocknen und lagern.
* Sie können diverse Teeblüten oder Teemischungen aus alpiner Natur auch im Fachhandel beziehen.

Eistee vom Apfel

Für 4 Personen

600 ml	Wasser
2	Äpfel
	Zitronenschale
½	Zitrone, Saft
1 EL	Honig
200 ml	Apfelsaft, naturtrüb

Garnitur
einige Apfelspalten
4 Zitronenmelisseblätter

ZUBEREITUNG

- Das Kernhaus der Äpfel ausstechen und diese in Spalten schneiden.
- Das Wasser mit den Apfelspalten aufkochen und 15 Minuten ziehen lassen.
- Vom Feuer nehmen, die Zitronenschale beigeben und auskühlen lassen.
- Durch ein Teesieb seihen und mit dem Zitronensaft und etwas Honig geschmacklich abrunden.
- Den naturtrüben Apfelsaft beigeben.
- Mit einigen Apfelspalten und Zitronenmelisse servieren.

UNSERE TIPPS

* Es eignen sich hierzu Apfelsorten wie Golden Delicious, Granny Smith, Royal Gala, Jonagold und Braeburn.
* Als Ersatz für naturtrüben Apfelsaft können auch gängige Apfelsäfte aus dem Handel eingesetzt werden.
* Der Tee kann auch als lauwarmer Tee angeboten werden.

Fit for Fun – Haselnuss-Lassis

Für 4 Personen

100 g	Banane
50 g	geriebene Haselnüsse
100 ml	Apfelsaft, frisch gepresst
350 g	Sojajoghurt
2 EL	Zitronensaft
	etwas Honig zum Süßen
100 ml	Mineralwasser

ZUBEREITUNG

- Die Banane in Stücke schneiden.
- Bananen, Haselnüsse, Apfelsaft, Sojajoghurt, Zitronensaft und etwas Honig im Mixer gut aufmixen.
- Das Mineralwasser einrühren.
- In die Gläser füllen und servieren.

UNSERE TIPPS

* *Die Haselnüsse können durch Walnüsse oder Erdnüsse ersetzt werden.*
* *Anstatt frisch gepressten Apfelsaft können Sie auch naturtrüben Apfelsaft nehmen.*
* *Das Sojajoghurt erhalten Sie im Reformhaus, in Naturkostläden sowie im Fachhandel.*
* *Als Ersatz für Sojajoghurt können Sie auch ein gängiges Joghurt einsetzen.*

Erfrischender Gemüseauszug

Für 4 Personen

600 ml	Wasser
200 g	geschälte Gemüsesorten wie Karotten, Selleriestangen, Fenchel, Zucchini
1 Msp.	Meersalz
	frische Kräuter (Basilikum, Kerbel, Fenchelgrün)

Garnitur
einige Gemüseperlen aus Karotten, Sellerie und Zucchini

ZUBEREITUNG

- Das Wasser aufkochen.
- Die gewaschenen und geschälten Gemüse beigeben und mit wenig Meersalz abschmecken.
- Am Siedepunkt 50 Minuten ziehen lassen.
- Unmittelbar am Ende der Garzeit die Kräuter beigeben und 2–3 Minuten ziehen lassen.
- Abseihen, auskühlen lassen und mit einigen Gemüseperlen anrichten und servieren.

UNSERE TIPPS

* *In der kalten Jahreszeit lauwarm und in der warmen Jahreszeit kalt servieren.*
* *Eignet sich auch vorzüglich als Entschlackungsgetränk am frühen Morgen.*
* *Sie können dafür viele Gemüsesorten verwenden.*

Vitaldrink aus Erdbeeren

Für 4 Personen

120 g	Erdbeeren
300 ml	Milch
200 ml	Naturjoghurt
150 ml	Apfelsaft, frisch gepresst
1 TL	Honig
½	Zitrone, Saft

Garnitur
4 Erdbeeren

ZUBEREITUNG

- Die Erdbeeren, die Milch, den Naturjoghurt, den frisch gepressten Apfelsaft sowie etwas Honig im Mixer aufmixen.
- Mit dem Zitronensaft verfeinern.
- Mit Erdbeeren garnieren und ansprechend in Gläsern servieren.

UNSERE TIPPS

* *An Stelle von Erdbeeren eignen sich vorzüglich auch Himbeeren, Schwarzbeeren und Johannisbeeren.*
* *Kalorienärmer wird dieser Drink durch den Einsatz von fettarmer Milch.*
* *Anstatt des frisch gepressten Apfelsaftes können Sie naturtrüben Apfelsaft nehmen.*

Wellness-Drink aus Buttermilch

Für 4 Personen

- 2 Granny Smith
- 200 ml Wasser
- 30–40 g Zucker
- 1 Sternanis
- 100 ml Mineralwasser
- 400 ml Buttermilch
- 1 Zitrone, Saft

Garnitur
- 4 Minzeblätter

ZUBEREITUNG

- Die Granny Smith halbieren, Kernhaus ausstechen und mit der Schale in Spalten schneiden.
- Das Wasser zusammen mit dem Zucker und den Apfelspalten sowie einem Stück Sternanis aufkochen und anschließend auskühlen lassen.
- Den Sternanis entnehmen und alles zusammen im Mixer aufmixen.
- Das Mineralwasser, die Buttermilch sowie den Zitronensaft beigeben und nochmals kurz aufmixen.
- In schöne Gläser füllen, Minze dazugeben und servieren.

UNSERE TIPPS

* Vorzüglich eignet sich hierfür auch ein säuerlicher Golden Delicious.
* Anstatt Sternanis können Sie ein Stück Zimtrinde verwenden.
* Das Mineralwasser können Sie auch mit einem naturtrüben Apfelsaft ersetzen.

Eine wunderbare, ja einzigartige Symbiose von bunten herzhaften Salaten, alpinen Kräutern und Aromen sowie vorzüglichen Produkten aus der Südtiroler Bergwelt. Die Erhaltung des Geschmacks, der wertvollen Vitamine, Mineralstoffe, Spurenelemente, Farb- und natürlichen Begleitstoffe stehen bei der Zubereitung im Vordergrund.

Herzhafte
kalte Vorspeisen

Südtiroler Speck
mit bunten Salaten, Melonenperlen und gehobeltem Bergkäse

Für 4 Personen

320 g	Speck, hauchdünn geschnitten
240 g	bunte Blattsalate der Jahreszeit (Feldsalat, Lollo rosso, Schnittsalat, Kresse)
60 g	Fenchelknolle
12	Melonenkugeln
80 g	aromatischer Bergkäse

Marinade
- 4 EL Olivenöl
- 1 EL Essig
- ¼ Zitrone, Saft

Gewürze
Salz
Pfeffer aus der Mühle

Garnitur
einige Spitzen Fenchelgrün
Kerbel

ZUBEREITUNG

- Die Salate zupfen und kurz waschen.
- Den Fenchel in feine Streifen schneiden und mit Öl, Essig, Zitronensaft, Salz und Pfeffer würzen.
- Aus Essig, Zitronensaft, Salz, Pfeffer und Olivenöl eine würzige Marinade erstellen.
- Den Bergkäse mit einem Gemüsehobel fein hobeln.

UNSERE TIPPS

* Sie können hierfür alle Blattsalate der jeweiligen Saison nehmen.
* Den Essig können Sie durch einen Apfelessig ersetzen, falls Sie ein liebliches Aroma bevorzugen.
* Die Melonenkugeln können Sie auch mit gedünsteten oder karamellisierten Apfelperlen ersetzen.
* Südtiroler Speck g.g.A. weist eine vorzügliche Qualität und einen optimalen Reifegrad auf.

Speck

ANRICHTEN

- Die Speckscheiben gefällig anrichten.
- Die Salate und den marinierten Fenchel in der Mitte passend anrichten und die Melonenkugeln beilegen.
- Mit der Marinade geschmacklich abrunden.
- Den Bergkäse einstreuen und mit Fenchelspitzen und Kerbel garnieren.

KALTE VORSPEISEN

Kleine Pressknödel
auf marinierter weißer Rübe

Für 4 Personen

Pressknödel
150 g	schnittfestes Weißbrot oder Knödelbrot
80 g	Graukäse oder Bergkäse
100 ml	Milch
2	Eier
2 EL	Mehl (40 g)
1 EL	Petersilie, fein gehackt
20 ml	Öl zum Anbraten

Marinierte weiße Rübe
200 g	weiße Rüben
2 EL	Öl (20 g)
1 EL	Essig

Gewürze
	Salz
	Pfeffer aus der Mühle
1 Msp.	Kümmel

Garnitur
50 g	Rucolaspitzen
	einige Karotten- und Tomatenwürfel

ZUBEREITUNG

- Das Weißbrot in feine Würfel schneiden. Den Graukäse zerreiben oder in Würfel schneiden und hinzufügen.

- Milch, Salz und Petersilie mit den Eiern leicht aufschlagen und zusammen mit Weißbrot, Graukäse und Mehl gut durchkneten und 10 Minuten ruhen lassen.

- 8 kleine runde Knödel formen und diese etwas flach drücken.

- In einer Pfanne das Öl erhitzen und die Pressknödel auf beiden Seiten braun anbraten.

- Bei Bedarf in kochendem Salzwasser 10 Minuten sieden lassen.

- Die weißen Rüben schälen, hauchdünn schneiden oder raspeln und mit Essig, Öl, Salz, Pfeffer und Kümmel marinieren.

Garzeit: 10 Minuten

UNSERE TIPPS

* *Vorzüglich passt hierzu ein Krautsalat als Ersatz für die marinierten weißen Rüben.*
* *Die Pressknödel können Sie auch in der Fleischsuppe servieren.*

Pressknödel

ANRICHTEN

▸ Die marinierten Rüben anrichten, die warmen Pressknödel beilegen und mit Rucolaspitzen servieren.

Salat aus Stangenspargel
mit Speck, Löwenzahn und Kresse

Für 4 Personen

200 g	weißer Spargel
200 g	grüner Spargel
8	Kirschtomaten
80 g	Löwenzahnspitzen
20 g	Kresse
200 g	Speck, hauchdünn geschnitten

Marinade

4 EL	Olivenöl
2 EL	Weißweinessig
2 TL	Zitronensaft

Gewürze

Salz
Pfeffer aus der Mühle

ZUBEREITUNG

- Den weißen Spargel schälen, die Enden wegschneiden und im Salzwasser mit etwas Zucker 15–18 Minuten kochen.
- Vom grünen Spargel die Enden abschneiden und in kochendem Salzwasser etwa 7 Minuten kochen. Anschließend sofort im kalten Wasser abkühlen.
- Aus Weißweinessig, Zitronensaft, Olivenöl, Salz und Pfeffer eine würzige Marinade erstellen.
- Vom Spargel die Spitzen mit etwa 4 cm Länge abschneiden. Die restlichen Spargelteile in 1 cm große Stücke schneiden und mit der Marinade übergießen.
- Die Kirschtomaten vierteln.

Garzeit weiße Spargel: 15–18 Minuten
Garzeit grüne Spargel: 7 Minuten

UNSERE TIPPS

* *Vorzüglich passt hierzu ein gekochtes Ei.*
* *Als Ersatz für den Speck können Sie einen luftgetrockneten Rinder- oder einen Rohschinken verwenden.*
* *Sie können auch ausschließlich grünen oder weißen Spargel verwenden.*
* *Als Ersatz für den Löwenzahn passen vorzüglich Salatspitzen.*

Spargel

ANRICHTEN

- Die Spargelspitzen in die Speckscheiben einschlagen.
- Zusammen mit dem geschnittenen Spargel, den Kirschtomaten, den Löwenzahnspitzen und der Kresse anrichten und etwas von der Marinade einlaufen lassen.

KALTE VORSPEISEN

Hirschschinken mit Pfifferlingen
und bunten Wildsalaten

Für 4 Personen

200 g	geräucherter Hirschschinken
120 g	Pfifferlinge
	Wildsalate und Kräuter
40 g	Sauerampfer
20 g	Frauenmantelblätter
8	rote Kleeblüten
8	Blätter von der Schafgarbe
15 g	Bachkresse
20 g	Löwenzahnblätter
30 g	Lollo rosso
30 g	gekrauste Endivie
20 g	Tomatenwürfel
	Marinade
40 ml	Bergblumenheuöl (Seite 214)
2 EL	Weißweinessig
	Gewürze
	Salz
	Pfeffer aus der Mühle
	Garnitur
	einige Kleeblüten

ZUBEREITUNG

- Die Pfifferlinge fein schneiden und in einer heißen Pfanne mit Öl 2 Minuten durchschwenken. Aus der Pfanne nehmen und auskühlen lassen. Mit Weißweinessig und Bergblumenheuöl sowie Salz und Pfeffer würzen.

- Den Hirschschinken fein schneiden. Die Pfifferlinge auf den Scheiben dünn verteilen. Kleine Röllchen formen und diese kühl stellen.

- Die Wildsalate und die Blattsalate mundgerecht zupfen.

- Aus Weißweinessig, Salz, Pfeffer und Bergblumenheuöl eine Marinade erstellen.

UNSERE TIPPS

* *Das Bergblumenheuöl können Sie durch ein gängiges Speiseöl ersetzen.*
* *Die Pfifferlinge können Sie durch andere Speisepilze ersetzen.*
* *Die Wildsalate und Wildkräuter können Sie durch gängige Küchenkräuter und Salate austauschen.*
* *Dieses Gericht zeigt Ihnen eine kleine Vielfalt von ausgesuchten Pflanzen und Kräutern aus der alpinen Bergwelt. Diese Kräuter aus freier Natur sind nicht nur wunderschön, sondern sie enthalten viele wichtige Vitamine und Mineralstoffe.*

Hirschschinken

ANRICHTEN

- Die Röllchen in runder Form auf den jeweiligen Tellern anrichten.
- Die Wildsalate sowie die Pfifferlinge schön anrichten und mit der Marinade übergießen.

KALTE VORSPEISEN

Salat von rohen Steinpilzen und Pfifferlingen
mit gehobeltem Parmesan

Für 4 Personen

200 g	Steinpilze
200 g	Pfifferlinge

Kräuter
6	Basilikumblätter
1 TL	Petersilie, gehackt

Marinade
4 EL	Olivenöl
2 EL	Weißweinessig
2 TL	Zitronensaft

Gewürze
Salz
Pfeffer aus der Mühle

Garnitur
160 g	Salatspitzen (Feldsalat, Lollo rosso, Petersilienspitzen, Schnittsalat)
50 g	Tomatenwürfel

ZUBEREITUNG

- Die Pilze reinigen und kurz waschen.
- Die Pilze in feinste Scheiben schneiden.
- Mit Salz und Pfeffer aus der Mühle würzen.
- Zwei Basilikumblätter in Streifen schneiden und mit der Petersilie beigeben.
- Weißweinessig, Zitronensaft und Olivenöl beigeben und leicht durchmischen.
- Die Salate mundgerecht zupfen.

UNSERE TIPPS

* *Schneiden Sie die Pilze hauchdünn, dann schmecken sie auch in rohem Zustand in Verbindung mit einer Marinade vorzüglich.*
* *Für dieses Gericht eignen sich alle gängigen Speisepilze wie zum Beispiel Champignons und Austernpilze.*
* *Marinieren Sie die Pilze im letzten Moment, dann bleibt ihr Biss sehr gut erhalten.*

ANRICHTEN

- Die marinierten Pilze schön auf dem Teller anrichten.
- Mit einigen Salatspitzen und mit Basilikum garnieren.

Pilze

53

KALTE VORSPEISEN

Salat von mariniertem Getreide
mit Krebsschwänzen

Für 4 Personen

50 g	Gerste
25 g	Buchweizenkörner
50 g	Dinkelkörner
120 g	Karotten, Sellerie und Zucchini, in Würfel geschnitten
8	Krebsschwänze
1 EL	Olivenöl

Marinade
2 EL	Weißweinessig
4 EL	Sonnenblumenöl
½	Zitrone, Saft

Gewürze
Salz
Pfeffer aus der Mühle

Garnitur
200 g	bunte Salatspitzen (Sellerieherzen, krause Endivie, Feldsalat, Sauerampfer, Lollo rosso, Kresse)
4	Kirschtomaten

ZUBEREITUNG

- Gerste, Dinkel und Weizen in kaltem Wasser über Nacht quellen lassen.
- Wasser zum Kochen bringen. Den Buchweizen bissfest kochen.
- Gerste, Weizen und Dinkel getrennt ohne Salzzugabe in kochendem Wasser 20–30 Minuten weich kochen.
- Wasser mit Salz zum Kochen bringen. Die Gemüsewürfel 2 Minuten bissfest kochen. Anschließend sofort in kaltem Wasser abkühlen.
- Das gekochte Getreide sowie das Gemüse mischen und mit Essig, Zitronensaft, Sonnenblumenöl, Salz und Pfeffer marinieren.
- Die Krebsschwänze von der Schale lösen, den Darm ziehen und 3 Minuten in einer heißen Pfanne mit Olivenöl braten. Aus der Pfanne nehmen und warm stellen.

UNSERE TIPPS

* *Als Variante für die Krebse können Sie Scampi oder ein Saiblingsfilet verwenden.*
* *Sie können aber auch nur eine Getreidesorte nehmen.*
* *Verwenden Sie Salate der Jahreszeit. Zudem können Sie auf die Angebote im Handel zurückgreifen.*

Getreide

ANRICHTEN

- Den Getreidesalat in eine Form drücken, aus dieser lösen und anrichten. Mit den Salaten und den Kirschtomaten garnieren.
- Die Krebsschwänze einlegen und mit einer Marinade aus Essig und Sonnenblumenöl marinieren.

KALTE VORSPEISEN

Frischkäse mit Rucola, Löwenzahnspitzen
und Wellness-Kräutern

Für 4 Personen

480 g	Frischkäse, schnittfest
8	kleine Kirschtomaten

Marinade
4 EL	Olivenöl (40 ml)
2 EL	Weißweinessig
1 TL	Zitronensaft

Gewürze
Salz
Pfeffer aus der Mühle

Garnitur
4	Kirschtomaten mit Stielansatz
80 g	frische Rucola
60 g	Löwenzahnspitzen
5 g	Wellness-Kräuter (getrocknete Kräuterblüten aus Thymian, Salbei oder Löwenzahn)

ZUBEREITUNG

- Rucola und Löwenzahnspitzen kurz waschen.
- Den Frischkäse in Scheiben schneiden und im jeweiligen Teller anrichten.
- Die Kirschtomaten in Viertel schneiden.
- Weißweinessig, Zitronensaft und Olivenöl sowie Salz und Pfeffer mit einem Schneebesen gut verrühren bzw. zu einer Marinade verarbeiten.

UNSERE TIPPS

* *Es gibt ganz unterschiedliche Frischkäsesorten. Verwenden Sie einen schnittfesten Frischkäse aus heimischer Produktion.*
* *Den Löwenzahn können Sie durch bunte Salatspitzen oder durch gezupfte Kräuter wie Kerbel, Schnittlauchspitzen und Basilikum ersetzen.*
* *Wellness-Kräuter können auch im Fachhandel als getrocknetes Produkt gekauft werden.*

ANRICHTEN

- Rucola, Löwenzahnspitzen und die geschnittenen Kirschtomaten locker einstreuen.
- Jeweils eine ganze Kirschtomate als Garnitur einlegen.
- Einige getrocknete Wellness-Kräuter (getrocknete Blüten und Kräuter) einstreuen und mit der Marinade übergießen.

Röllchen aus Kohlrabi
mit Rucola im Tomatendressing

Für 4 Personen

500 g	Kohlrabi (2 Stück)
200 g	Zucchini
150 g	Champignons
80 g	Mozzarella
60 g	Magerquark

Dressing

2	Tomaten
2 EL	Rotweinessig
5 EL	Olivenöl (50 ml)

Gewürze

Salz
Pfeffer aus der Mühle

Garnitur

100 g	Rucola
	Basilikum

ZUBEREITUNG

- Den Kohlrabi waschen, von Blättern und harten holzigen Schalen befreien.

- Mit der Schale mittels Aufschnittmaschine (oder mit einem Messer) in dünne Scheiben schneiden. Diese in kochendem Salzwasser 3 Minuten kochen. Anschließend sofort in kaltem Wasser abkühlen.

- Zucchini und Champignons getrennt fein hacken. Etwas Olivenöl in einer Pfanne erhitzen, Zucchini und Champignons beigeben und kurz durchrösten. Mit Salz und Pfeffer würzen und auskühlen lassen.

- Die Mozzarella in feine Würfel schneiden. Mozzarella, Magerquark und das Zucchini-Champignon-Gemisch zusammen kurz ausrühren.

- Die Kohlrabiblätter auf ein Küchenkrepppapier legen. Die Masse aus Magerquark, Mozzarella und Gemüse auf die Kohlrabiblätter aufstreichen, diese einrollen und gut kühlen.

- Die Tomaten halbieren, Fleisch mit Kernen entfernen und das Fruchtfleisch in feine Würfel schneiden. Zuerst den Essig und dann das Olivenöl einrühren und gut abschmecken.

UNSERE TIPPS

* *Dieses Gericht eignet sich vorzüglich für warme Frühlings- und Sommertage.*
* *Nur jene Schalenteile auf dem Kohlrabi belassen, die nicht holzig sind.*
* *Die Kohlrabi können Sie durch andere Gemüsesorten wie zum Beispiel Sellerieknollen ersetzen. Somit bietet sich Ihnen eine ausgezeichnete Abwechslung, ja ein kulinarisches Spiel.*

Kohlrabi

ANRICHTEN

- Die Röllchen anrichten, etwas Rucola einstreuen und etwas Pfeffer aus der Mühle einreiben.
- Mit dem Tomatendressing marinieren und mit Basilikum garnieren.

Mousse aus schwarzen Beluga-Linsen
mit bunten, herzhaften Salaten

Für 4 Personen

100 g	schwarze Beluga-Linsen
½	Zwiebel (30 g)
2 EL	Olivenöl
50 g	Butter
80 g	Sahne
½	Gelatineblatt, eingeweicht
1 EL	Balsamessig (10 g)
1	Knoblauchzehe, klein
	Lorbeer, Thymian

Dressing
30 ml	Karottensaft
1 EL	Weißweinessig
4 EL	Olivenöl

Gewürze
Salz
Pfeffer aus der Mühle

Garnitur
200 g	Salate (Lollo rosso, belgische Endivie, grüner Salat)

ZUBEREITUNG

- Die Gelatine in kaltem Wasser einweichen.

- 300 ml Wasser zum Kochen bringen, die Linsen beigeben und 30–40 Minuten kochen, bis sie zerfallen.

- Anschließend in ein Haarsieb schütten und den Kochsud auffangen.

- Den Kochsud am Feuer einreduzieren lassen und am Ende des Reduzierungsprozesses die Kräuter beigeben. Die Reduktion durch ein Haarsieb seihen.

- Die Zwiebel in feine Würfel schneiden, in Olivenöl anschwitzen und die Linsen beigeben. Vom Feuer nehmen, die eingeweichte Gelatine einrühren und 10 Minuten auskühlen lassen.

- Die lauwarmen Linsen mit der Reduktion im Cutter fein pürieren und hierbei die kalte Butter in kleinen Stücken beigeben. Mit Balsamessig, Salz und Pfeffer abschmecken und auskühlen lassen.

- Die Sahne aufschlagen und in die Linsenmasse einheben. Anschließend in eine passende Form abfüllen. 3 Stunden im Kühlschrank auskühlen lassen.

UNSERE TIPPS

* *Schwarze Beluga-Linsen erhalten Sie im Fachhandel sowie in Reformhäusern.*
* *Beluga-Gourmetlinsen müssen vor dem Kochen nicht eingeweicht werden.*
* *Falls Sie keinen Cutter besitzen, können Sie ein Handpassiergerät zum Pürieren einsetzen.*
* *Die Beluga-Gourmetlinse ist neben dem Teller als Dekor abgebildet.*
* *Vorzüglich passen hierzu auch ein Räucherlachs oder gebratene Krebsschwänze.*

Linsen

ANRICHTEN

- Die Salate kreisförmig anrichten. Mit einem Löffel aus der Linsenmousse jeweils eine Nocke abstechen und diese im Salatkranz anrichten.
- Karottensaft und Weißweinessig mit Salz und Pfeffer würzen und das Olivenöl einrühren. Mit diesem Dressing die Salate marinieren.

KALTE VORSPEISEN

Gebratene Filetstücke vom Reh
mit kleiner Gemüserohkost und Gartenkräutern

Für 4 Personen

480 g	Rehrückenfilet
	Rohkost
100 g	Karotten
100 g	Sellerieknolle
80 g	Zucchini
60 g	Pfifferlinge
40 g	junge Spinatblätter
	Marinade
2 EL	Rotweinessig (20 ml)
4 EL	Olivenöl (40 ml)
	Gewürze
	Salz
	Pfeffer aus der Mühle
	Garnitur
50 g	gezupfte Kräuter (Kerbel, Basilikum, Kresse)
4	Kartoffelchips

ZUBEREITUNG

- Das Rehrückenfilet von Sehnen befreien, mit Salz und Pfeffer würzen.

- Eine Pfanne erhitzen und das Filet mit etwas Öl beidseitig gut anbraten. Bei 160 Grad in das vorgeheizte Rohr schieben und braten. Das Fleisch in eine Folie einschlagen und warm halten.

- Karotten und Sellerieknolle von Schalenteilen befreien. Diese und die Zucchini roh in feine Scheiben schneiden.

- Die Pfifferlinge waschen und ebenso in feine Scheiben schneiden. Pfifferlinge, Spinatblätter und Gemüse mit Olivenöl, Rotweinessig, Salz und Pfeffer marinieren.

Garzeit Rehfilet: 8–12 Minuten

UNSERE TIPPS

* *Das Rehrückenfilet können Sie auch durch Hirsch-, Kalb- oder Kaninchenfilet ersetzen.*

* *In den Sommermonaten können Sie anstelle der angegebenen Kräuter auch Wiesenkräuter wie Kleeblüten, Bachkresse oder Sauerampfer nehmen.*

* *Durch den rohen Zustand bleiben beim Gemüse alle Vitamine und Mineralstoffe weitgehend erhalten.*

Reh

ANRICHTEN

- Das marinierte Gemüse und die Pfifferlinge anrichten.
- Das Rehrückenfilet in Scheiben schneiden, einlegen und mit den gezupften Kräutern sowie jeweils einem Kartoffelchip garnieren.

KALTE VORSPEISEN

Kross gebratenes Zanderfilet
mit Kräutersalaten und roten Zwerglinsen

Für 4 Personen

4	Zanderfilets (400 g)

Salat

240 g	Salate der Jahreszeit (Rucola, Feldsalat, Lollo rosso, Zucchiniblüten)
100 g	Gartenkräuter, gezupft (Basilikum, Kerbel, Kresse, Schnittlauch)

Marinade

50 g	rote Zwerglinsen
4 EL	Olivenöl
2 EL	Weißweinessig

Gewürze

Salz
Pfeffer aus der Mühle

Garnitur

4	Speckscheiben

ZUBEREITUNG

- Die roten Linsen in kochendem Wasser 4 Minuten abkochen. Durch ein Sieb seihen.

- Die Zanderfilets mit Salz und Pfeffer würzen und auf der Hautseite kross in einer heißen Pfanne mit etwas Olivenöl braten. Anschließend für 4 Minuten bei 170 Grad in das vorgeheizte Rohr schieben.

- Die Salate waschen und mundgerecht zupfen.

- Die Speckscheiben in einer vorgeheizten Pfanne kross braten.

- Für die Marinade den Weißweinessig mit Salz und Pfeffer würzen, das Olivenöl einrühren und die Linsen beigeben.

UNSERE TIPPS

* *Rote Zwerglinsen erhalten Sie im Fachhandel sowie in Reformhäusern. Neben dem Gericht sind sie als Dekor abgebildet.*
* *Lassen Sie die Schuppen vom Zanderfilet gleich vom Fischhändler entfernen.*
* *Rote Linsen grundsätzlich vor dem Kochen nicht einweichen.*
* *Sie können die roten Linsen durch normale Linsen ersetzen. Diese müssen Sie jedoch über Nacht einweichen.*

Zander

ANRICHTEN

- Die Salate und die Gartenkräuter in attraktiver Form anrichten.
- Die kross gebratenen Zanderfilets einlegen und mit der Marinade übergießen. Die Speckscheibe jeweils als Garnitur hinzufügen.

KALTE VORSPEISEN

Alpines Knabbergemüse
mit Dip aus Gartenkräutern

Für 4 Personen

600 g junges Gemüse der Jahreszeit (Karotten, Sellerie, Radieschen, Kohlrabi, Fenchel, Pilze, Kartoffeln, Blumenkohl, Rohnen und Spinatblätter)

Dip
- 125 g Naturjoghurt
- 50 g Mayonnaise
- 1 TL Zitronensaft
- 15 g Gartenkräuter (Schnittlauch, Kerbel, Basilikum)

Essig-Ölsauce
- 3 EL Olivenöl (30 ml)
- 1 EL Rotweinessig (10 ml)
- 2 TL Zitronensaft

Gewürze
- Salz
- Pfeffer aus der Mühle

ZUBEREITUNG

- Das Gemüse waschen und von eventuell vorhandenen Wurzelansätzen befreien.
- Die Kartoffeln in Salzwasser 20–25 Minuten kochen.
- Das restliche Gemüse schälen. Anschließend in passende, mundgerechte Stücke schneiden.
- Für den Dip Naturjoghurt und Mayonnaise glatt rühren und mit Zitronensaft, Salz und Pfeffer gut abschmecken. Die fein geschnittenen Gartenkräuter beigeben und glatt rühren.
- Für die Essig-Ölsauce den Rotweinessig mit Zitronensaft, Salz und Pfeffer glatt rühren und anschließend das Olivenöl einrühren.

UNSERE TIPPS

* *Verwenden Sie für dieses Gericht gartenfrisches Gemüse, denn es hat einen erfrischenden Biss.*
* *Wenn Sie nur größere Gemüsesorten beim Einkauf erhalten, so schneiden Sie diese in mundgerechte Stücke.*
* *Gemüse in dieser Form ist besonders an warmen Sommertagen sehr beliebt.*

Gemüse

ANRICHTEN

- Das Gemüse, gut gekühlt, ansprechend anrichten und mit dem Kräuterdip sowie der Essig-Ölsauce servieren.

KALTE VORSPEISEN

Verführerische, vitale Suppen aus heimischen Produkten, die durch ihre natürlichen Farben, Aromen und Düfte unverwechselbare alpine Wellness-Gefühle vermitteln.

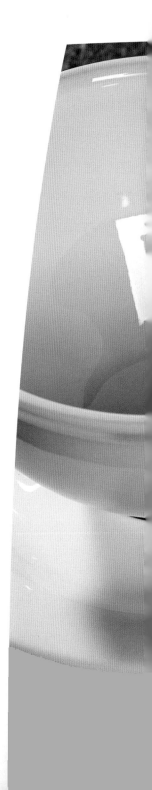

Verführerische *Suppen*

Cremesüppchen aus getrockneten Bergblumen
mit gerösteten Schwarzbrotwürfeln

Für 4 Personen

50 g	Zwiebel
1 Msp.	Knoblauch
1 EL	Öl (10 ml)
20 g	Bergheu
1 EL	Mehl
50 ml	Weißwein
600 ml	Fleischbrühe (Seite 223)
200 ml	Sahne
30 g	Butter (2 EL)

Gewürze
Salz
Pfeffer aus der Mühle

Garnitur
30 g Schwarzbrot
frische oder getrocknete Bergblüten
etwas Schnittlauch

ZUBEREITUNG

▸ Zwiebel und Knoblauch in feine Würfel schneiden. Einen Topf erhitzen, Öl, Zwiebel und Knoblauch beigeben und farblos anrösten.

▸ Das Bergheu beigeben, das Mehl einarbeiten und mit Weißwein ablöschen. Mit der Fleischbrühe und der Sahne aufgießen.

▸ Aufkochen und 30 Minuten leicht kochen lassen. Am Ende der Kochzeit gut abschmecken.

▸ Die Suppe durch ein feines Sieb passieren und mit einem Mixstab oder einem Schneebesen unter Zugabe der kalten Butter aufmixen.

Garzeit: 30 Minuten

UNSERE TIPPS

* *Verwenden Sie ausschließlich Bergheu von ungedüngten Wiesen aus über 1700 Metern Meereshöhe.*
* *Anstelle von Bergheu können Sie getrocknete oder frische Küchenkräuter verwenden.*
* *Die Fleischsuppe können Sie durch eine Gemüsebrühe ersetzen.*
* *Achten Sie auf eine kurze Garzeit, damit sich die Aromen nicht verflüchtigen.*

Bergblumen

ANRICHTEN

- In Tassen einlaufen lassen und mit einigen getrockneten Blüten, Schnittlauch und den gerösteten Schwarzbrotwürfeln garnieren.
- Auf Bergheu oder gezupften Wiesenkräutern anrichten.

Grießspeckknödel mit buntem Gemüseallerlei
in der Suppe

Für 4 Personen

50 g	Speck, in Würfel geschnitten
50 g	Zwiebel, in Würfel geschnitten
1 EL	Öl
¼ l	Milch
80 g	Butter
110 g	Weizengrieß, mittel
1	ganzes Ei
2	Eigelb
600 ml	Fleischbrühe (Seite 223)

Gemüseallerlei

4	Kirschtomaten
50 g	Karottenstreifen
50 g	Zucchinistreifen
50 g	Selleriestreifen

Gewürze

	Salz
	Muskat
1 EL	Schnittlauch, fein geschnitten

ZUBEREITUNG

- Eine Pfanne mit etwas Öl erhitzen. Speck- und Zwiebelwürfel beigeben und leicht rösten. Die Mischung in eine Schüssel geben und den Schnittlauch hinzufügen.

- Die Milch mit Butter, Salz und Muskat aufkochen, den Weizengrieß schnell mit einem Schneebesen einrühren und 4 Minuten unter ständigem Rühren kochen lassen. Die Masse umschütten und 5 Minuten auskühlen lassen.

- Nun das Ei und Eigelb in die Grießmasse einarbeiten. Den Grießteig 10 Minuten ruhen lassen. Mit einem Rollholz 1½ cm dick ausrollen und 8 runde Plätzchen (Durchmesser 8–10 cm) ausstechen.

- Die Speck-Zwiebelmischung mit einem Löffel auf den Grießscheiben in der Mitte auftragen. Die Grießmasse von außen um die Speckmischung zusammenfalten und kleine, runde Knödel formen.

- Salzwasser zum Kochen bringen, die Knödel einlegen, aufkochen und anschließend die Hitze reduzieren. 12–15 Minuten am Herdrand unterhalb des Siedepunktes ziehen lassen.

- Die Kirschtomaten kurz in kochendes Wasser tauchen und die Schale abziehen.

- Die Karotten-, Zucchini- und Selleriestreifen kurz in Salzwasser abkochen und anschließend schnell im kalten Wasser abkühlen.

Garzeit Knödel: 15 Minuten

UNSERE TIPPS

* *Achten Sie beim Abrollen der Knödel, dass die Grießmasse den innern Teil schön abschließt, damit beim Kochen kein Wasser eindringen kann.*
* *Das Gericht soll sich bunt und farbenfroh darstellen und damit den Wellness-Gedanken klar zum Ausdruck bringen.*
* *Als Ersatz für die Fleischsuppe können Sie einen Gemüsefond einsetzen.*
* *Wenn die Suppe besonders ansprechend sein soll, können Sie einen Knödel halbieren, wie im Bild dargestellt.*

Knödel

ANRICHTEN

- Jeweils zwei Knödel mit dem bunten Gemüse und einer geschälten Kirschtomate in der heißen Suppe anrichten und servieren.

SUPPEN

Cremesüppchen von der Brennnessel
mit Speckchips

Für 4 Personen

80 g	Brennnesselblätter
½	Zwiebel (50 g)
½	Knoblauchzehe
1 EL	Öl
1 EL	Mehl
10 ml	Weißwein
100 ml	Weißwein
700 ml	Gemüsebrühe (Seite 223)
100 ml	Sahne

Gewürze
Salz
Pfeffer aus der Mühle

Garnitur
4 Speckscheiben
4 Brennnesselblätter

ZUBEREITUNG

- Die Brennnesselblätter kurz in kochendes Salzwasser geben und anschließend sofort in kaltem Wasser abkühlen.

- Die Zwiebel und den Knoblauch schälen, in feine Würfel schneiden. Einen Topf erhitzen, das Öl sowie Zwiebel und Knoblauch beigeben und farblos andünsten.

- Das Mehl beigeben, einarbeiten und mit dem Weißwein ablöschen.

- Mit der Fleischsuppe und der Sahne aufgießen und die Suppe 30 Minuten kochen lassen. Mit Salz und Pfeffer aus der Mühle abschmecken.

- Für die Garnitur 4 Brennnesselblätter in frischem Zustand in heißem Fett bei 170 Grad backen.

- Die Speckscheiben im Ofen bei 120 Grad trocknen, bis sie kross sind.

Garzeit: 30 Minuten

UNSERE TIPPS

* *Anstatt der Brennnesselblätter können Sie jungen Blattspinat oder auch Löwenzahnblätter verwenden. Dadurch bietet sich ein beeindruckendes kulinarisches Spiel.*

* *Ebenso können Sie diese Suppe mit frischen Wild- oder Gartenkräutern zubereiten. In diesem Fall ersetzen Sie die Brennnesseln mit diesen, wobei Sie auf ein vorhergehendes Abkochen verzichten können.*

* *Zur guten geschmacklichen Abrundung können Sie auch einige Tropfen Zitronensaft verwenden.*

* *Die Suppe sollte sich in schöner, ansprechender grüner Farbe präsentieren.*

* *Die Gemüsebrühe können Sie durch eine Fleischsuppe ersetzen.*

* *In den Wintermonaten können Sie die Brennnesseln mit Mangoldblättern, Blattspinat oder Grünkohl ersetzen.*

Brennnessel

ANRICHTEN

- Die heiße Suppe im Mixer unter Zugabe der abgekochten Brennnesselblätter gut aufmixen (pürieren).
- Mit den Speckchips und den frittierten Brennnesselblättern anrichten und servieren.

Suppe vom Rehhaxl
mit Pfifferlingravioli und Gemüseperlen

Für 4 Personen

Suppe
- 300 g Rehfleisch (von der Haxe)
- 80 g Suppengemüse (Karotten, Sellerie, Lauch)
- ½ Zwiebel (50 g)
- 4 Pfefferkörner, zerdrückt
- ½ Lorbeerblatt

Füllung
- 20 g Zwiebel, fein geschnitten
- ½ EL Butter
- 80 g Pfifferlinge
- 30 g Quark

Nudelteig
- 60 g Weizenmehl
- 60 g Hartweizengrieß
- 1 Ei
- 1 TL Öl

Gewürze
- Salz
- Pfeffer aus der Mühle

Garnitur
- 80 g Gemüse (Karotten, Sellerie und Zucchini), als Perlen ausgestochen
- 30 g Keimlinge
- 1 Scheibe Rehfleisch, gekocht

ZUBEREITUNG

- Die Zwiebel mit der Schale an der Schnittfläche in einer heißen Pfanne anrösten.

- 1½ Liter Wasser in einem Topf aufkochen. Das Rehhaxl einlegen und mit Salz, Pfefferkörnern und Wacholderbeeren würzen. 1 Stunde leicht kochen lassen.

- Nun das Suppengemüse und die geröstete Zwiebelhälfte hinzufügen und weitere 30 Minuten leicht kochen lassen. Am Ende der Garzeit die Suppe durch ein Tuch oder ein Haarsieb seihen und gut abschmecken.

- Für die Füllung der Ravioli die Zwiebel in einer heißen Pfanne mit der Butter anrösten, die fein geschnittenen Pfifferlinge beigeben und 3 Minuten rösten. Vom Feuer nehmen, mit Salz und Pfeffer aus der Mühle würzen. Im kalten Zustand den Quark einarbeiten.

- Aus den angeführten Zutaten einen Nudelteig kneten. Diesen dünn ausrollen und ausstechen. Die Füllung mit einem Spritzsack auf die kleinen Nudelteigblätter aufspritzen und diese außen mit etwas Wasser bestreichen. Mit einem zweiten Nudelteigblatt abdecken und die Ränder fest zusammendrücken. In kochendem Salzwasser 4 Minuten kochen.

- Das Gemüse für die Garnitur in kochendem Salzwasser kurz abkochen. In kaltem Wasser schnell abkühlen.

Garzeit Suppe: 1½ Stunden

UNSERE TIPPS

* *Das Rehfleisch kann durch diverse Wildfleischarten ersetzt werden. Somit sind Ihrer Kreativität keine Grenzen gesetzt.*
* *Die Pfifferlinge können durch andere Pilze ersetzt bzw. ausgetauscht werden.*
* *Falls Sie beim Metzger kein Rehhaxl erhalten, können Sie auch ein anderes Stück Fleisch vom Reh verwenden.*
* *Falls Sie keinen Hartweizengrieß für den Nudelteig bei der Hand haben, können Sie als Ersatz auch ausschließlich Mehl verwenden.*

Rehhaxl

ANRICHTEN

▸ Die Kraftsuppe auf die Teller verteilen und mit dem Gemüse, den Ravioli und einer Scheibe Rehhaxl garnieren.

Kartoffelcremesuppe
mit Steinpilzen und frischer Kresse

Für 4 Personen

150 g	Kartoffeln, mehlig
½	Zwiebel (50 g)
½	Knoblauchzehe, klein
½ EL	Mehl
50 ml	Weißwein
800 ml	Fleischsuppe
100 ml	Sahne
1 EL	Öl
20 g	kalte Butter

Gewürze
Salz
Pfeffer aus der Mühle

Garnitur
50 g Steinpilze
20 g Kresse

ZUBEREITUNG

- Die Kartoffeln schälen, waschen und in Würfel schneiden.
- Die Zwiebel und den Knoblauch schälen und in Würfel schneiden.
- Einen Topf erhitzen, Öl, Zwiebel und Knoblauch hinzugeben und farblos anschwitzen.
- Die Kartoffeln beigeben und das Mehl einstreuen. Kurz andünsten und mit dem Weißwein ablöschen. Mit der Fleischsuppe aufgießen, die Sahne beigeben und mit Salz und Pfeffer würzen.
- Die Suppe 30 Minuten kochen lassen, dann mit einem Stabmixer aufmixen und hierbei die kalte Butter beigeben.

Garzeit: 30 Minuten

UNSERE TIPPS

* *Verwenden Sie hierfür mehlige Kartoffeln, dadurch wird die Suppe samtiger.*
* *Falls Sie keine Fleischsuppe zur Verfügung haben, können Sie auch mit Wasser aufgießen und die Suppe mit etwas Suppenkonzentrat verfeinern.*
* *Falls Sie die Suppe für Vegetarier zubereiten, ersetzen Sie die Fleischsuppe durch eine Gemüsebrühe oder Wasser.*
* *Die Steinpilze können Sie durch jede andere essbare Pilzart ersetzen.*

Kartoffeln

ANRICHTEN

- Die Steinpilze in Scheiben schneiden. Eine Pfanne erhitzen und die Pilze kurz mit etwas Butter anrösten. Mit Salz und Pfeffer würzen.
- Die Suppe mit den Steinpilzen und frischer Kresse servieren.

SUPPEN

Klare Gemüsesuppe
mit alpinen Süßwasserfischen

Für 4 Personen

50 g	Karotten
30 g	Selleriestange
30 g	Zucchini
40 g	Tomatenwürfel
80 g	Forellenfilet
60 g	Zanderfilet
60 g	Saiblingsfilet
25 g	Zwiebel
1 EL	Olivenöl (10 g)
50 ml	Weißwein
800 ml	Gemüsebrühe (Seite 223)

Gewürze
Salz
Pfeffer aus der Mühle

Garnitur
4 Zweiglein Fenchelgrün

ZUBEREITUNG

- Karotten, Selleriestange und Zucchini in Streifen schneiden und kurz in kochendem Salzwasser abkochen. Sofort in kaltem Wasser abkühlen.

- Die Haut von den Fischfilets (Forelle, Zander und Saibling) abziehen, das Fleisch in Stücke schneiden und mit Salz und Pfeffer würzen.

- Die Zwiebel in feine Würfel schneiden.

- Einen Topf erhitzen, die Zwiebeln im Olivenöl farblos anschwitzen. Die Würfel von den Fischfilets beigeben und unmittelbar mit dem Weißwein ablöschen. Zugedeckt 5 Minuten am Herdrand garen lassen.

- Die Gemüsebrühe erhitzen und mit Salz abschmecken.

Gartemperatur: 80 Grad
Garzeit Fisch: 5 Minuten

UNSERE TIPPS

* *Achten Sie auf eine absolute Frische bei den Fischen. Fischfleisch ist nur begrenzt haltbar.*

* *Sie können auch andere Süßwasserfische verwenden.*

* *Achten Sie beim Fisch auf eine sehr kurze Gar- und Kochzeit, um die Qualität des Fischfleisches nicht unnötig zu belasten.*

Gemüse

ANRICHTEN

- Die Gemüsebrühe in die jeweiligen Teller schöpfen.
- Die Gemüsestreifen und die Tomatenwürfel einstreuen.
- Die Fischstücke passend in heißem Zustand einlegen und mit Fenchelgrün garnieren.

Aromasüppchen vom Alpenapfel
mit Zitronenmelisse

Für 4 Personen

1	Golden Delicious (100 g)
40 g	Zwiebel, in Würfel geschnitten
20 g	Butter
½ EL	Mehl (5 g)
50 ml	Weißwein
600 ml	Gemüsebrühe (Seite 223)
100 ml	Milch
100 ml	Sahne
20 g	kalte Butter

Gewürze
Salz
Pfeffer aus der Mühle
Chili

1 Msp.	Ingwer
1 Msp.	Zitronenschale, gerieben

Garnitur
4	Krebsschwänze
4	Zitronenmelisseblätter
4	Apfelperlen
1	Chilischote, rot
4	Holzspieße

ZUBEREITUNG

▸ Vom Apfel 4 Kugeln ausstechen und 30 Sekunden in heißem Wasser garen. Die Apfelperlen entnehmen, abdecken und auskühlen lassen.

▸ Nun den Apfel schälen, das Kernhaus ausstechen und grob in Würfel schneiden.

▸ Einen Topf erhitzen, die Butter und die Zwiebelwürfel farblos anschwitzen und nun die Apfelwürfel beigeben.

▸ Das Mehl einarbeiten, mit Weißwein ablöschen und mit der Gemüsebrühe, der Milch und der Sahne aufgießen und aufkochen.

▸ Mit wenig Chili, etwas Zitronenschale, wenig Ingwer, Pfeffer aus der Mühle und Salz abschmecken. Nach 20 Minuten Kochzeit die kalte Butter beigeben und die Suppe mit einem Stabmixer gut aufmixen oder im Mixer pürieren.

▸ Die Krebsschwänze von der Schale befreien und in einer heißen Pfanne mit Olivenöl kurz durchschwenken. Mit Salz und Pfeffer würzen.

Garzeit Suppe: 20 Minuten

UNSERE TIPPS

* *Die Suppe soll eine raffinierte, leicht pikante Note aufweisen.*

* *Achten Sie auf eine äußerst kurze Kochzeit von maximal 15–20 Minuten. Damit bleibt das fruchtige Aroma des Apfels sehr gut erhalten.*

Alpenapfel

ANRICHTEN

- Die Suppe im jeweiligen Teller anrichten.
- Mit den Krebsschwänzen, der Zitronenmelisse, einer Apfelperle am Holzspieß und etwas Chili garnieren.

Aromatischer Tee aus alpinem Gartengemüse
mit kleinen Nudelpralinen

Für 4 Personen

20 g	Zwiebel
180 g	Gemüse (Karotten, Weißkohl, Lauch, Sellerie, Fenchel)
1	Scheibe getrockneter Steinpilz
20 ml	Weißwein
½	Lorbeerblatt

Nudelteig
- 60 g Mehl
- 60 g Hartweizengrieß
- 1 Ei
- 1 TL Olivenöl

Füllung
- 100 g Gemüsewürfel (Karotten, Lauch, Sellerie, Weißkohl)
- 30 g Quark
- 1 TL Parmesan

Gewürze
- Salz
- Pfeffer aus der Mühle

Garnitur
- Gartenkräuter (Schnittlauch, Kerbel)
- 8 Steinpilzscheiben

ZUBEREITUNG

▸ Für den Gemüsetee das Gemüse waschen, nach Notwendigkeit schälen und in 1 ½ Liter kaltes Wasser geben. Das Wasser mit dem Gemüse in einem Topf aufkochen, Lorbeer, die getrocknete Steinpilzscheibe und Pfefferkörner beigeben und 45 Minuten knapp am Siedepunkt kochen lassen.

▸ Den Gemüsetee durch ein feines Haarsieb oder noch besser durch ein Tuch abseihen und mit Salz und dem Weißwein abschmecken.

▸ Mehl, Hartweizengrieß, Ei, Olivenöl und Salz schnell zu einem Nudelteig kneten. In eine Folie einschlagen und 30 Minuten rasten lassen.

▸ Für die Füllung die kleinen Gemüsewürfel in einer heißen Pfanne mit Olivenöl 2–3 Minuten anrösten und mit Salz und Pfeffer würzen. Auskühlen lassen und den Quark und den Parmesan einarbeiten.

▸ Den Nudelteig hauchdünn ausrollen und rund (Durchmesser 3 ½ cm) ausstechen. Die Füllung in der Mitte der Teigblätter anrichten und die Teigränder außen mit etwas Wasser befeuchten. Mit einem zweiten Teigblatt abdecken und die Ränder gut zusammendrücken. In kochendem Salzwasser 3–5 Minuten kochen.

Garzeit Suppe: 45 Minuten

UNSERE TIPPS

* *Die Suppe sollte ganz sanft kochen, damit keine Trübstoffe entstehen.*
* *Den Gemüsetee können Sie mit Gemüse Ihrer Wahl zubereiten. Beachten Sie jedoch, dass Kohlgemüse eine leicht blähende Wirkung erzeugt, jedoch sehr gesund ist.*
* *Beim Nudelteig können Sie den Hartweizengrieß auch mit normalem Mehl ersetzen. Der Teig ist damit jedoch etwas weicher.*
* *Dieser Gemüsetee ist im fachlichen Sinn eine Gemüsebrühe. Tee ist hierbei ausschließlich ein moderner Begriff für die Bezeichnung des Gerichtes.*
* *Diese Suppe kann vorzüglich im vegetarischen Bereich eingesetzt werden.*

Gartengemüse

ANRICHTEN

- Etwas vom Suppengemüse in passende Streifen, Würfel oder Stücke schneiden.
- Den Gemüsetee mit den Nudelpralinen und dem Gemüse anrichten und mit Gartenkräutern (Schnittlauch, Kerbel) und den dünnen, rohen Steinpilzscheiben garnieren.

Samtsüppchen aus Radieschensprossen
mit Bier aromatisiert und Erdäpfel-Speckröllchen

Für 4 Personen

100 g	Kartoffeln, mehlig
½ EL	Butter
40 g	Zwiebel, fein geschnitten
200 g	Radieschensprossen
125 ml	Bier
800 ml	Gemüsebrühe oder Fleischsuppe
100 ml	Sahne

Erdäpfel-Speckröllchen
50 g	Kartoffeln, in Streifen geschnitten
4	Scheiben Bauchspeck
4	Zahnstocher, zum Frittieren

Gewürze
Salz
Pfeffer aus der Mühle

Garnitur
10 g	Radieschensprossen
1	Radieschen, in Würfel geschnitten

ZUBEREITUNG

▸ Für das Erdäpfel-Speckröllchen die Kartoffelstreifen in Bündel fassen und diese mit einer Speckscheibe umwickeln. Den Speck mit einem Zahnstocher befestigen. Nun diese in heißem Fett bei 170 Grad knusprig backen.

▸ Die Kartoffeln schälen und in Würfel schneiden.

▸ Einen Topf erhitzen, Butter und Zwiebel beigeben und farblos anrösten.

▸ Die Kartoffeln hinzufügen und kurz dünsten. Mit dem Bier ablöschen und kurz reduzieren lassen.

▸ Mit der Gemüsebrühe oder Fleischsuppe aufgießen, aufkochen und 25 Minuten weiterkochen lassen.

▸ Mit der Sahne verfeinern und mit Salz und Pfeffer würzen.

▸ Die Radieschensprossen beigeben, einmal aufkochen und sofort im Mixer oder mit dem Stabmixer aufmixen bzw. pürieren.

Garzeit Suppe: 25 Minuten

UNSERE TIPPS

* *Die Radieschensprossen können Sie auch durch Gartenkresse oder diverse andere Keimlinge und Sprossen ersetzen beziehungsweise austauschen.*

* *Auch die jungen grünen Blätter der Radieschen haben ein vorzügliches und erfrischendes geschmackgebendes Aroma.*

* *Frische Sprossen und Keimlinge erhalten Sie im guten Gemüsefachhandel. Sie können diese auch selbst im Keimgerät heranziehen. Die Keimzeit beträgt 3–5 Tage, je nach Samen. Die Samen erhalten Sie im Reformhaus.*

* *Wenn Sie eine Gemüsebrühe als Aufgussmittel verwenden, können Sie die Suppe vorzüglich im vegetarischen Bereich einsetzen.*

Radieschensprossen

ANRICHTEN

- Die Suppe in die bereits vorher angewärmten Teller oder Tassen geben und mit den restlichen Radieschensprossen und einigen Radieschenwürfeln garnieren.
- Jeweils ein Erdäpfel-Speckröllchen beilegen und servieren.

Mit zahlreichen einfachen, aber raffinierten
kulinarischen Anregungen aus heimischen
Produkten. Viele hochinteressante kulinarische
Verbindungen von alpinen Aromen, Düften
und Produkten.
Der Fantasie und Kreativität werden damit
neue Horizonte eröffnet.

Warme Vorspeisen
Alpine Wellness-Küche, spüren und genießen

Erdäpfelschlutzer mit Pfifferlingen und Frischkäse

Für 4 Personen

Kartoffelteig
400 g	Kartoffeln, mehlig
2	Eigelb
20 g	Butter (1 EL)
120 g	Mehl

Füllung
40 g	Zwiebel
½	Knoblauchzehe
20 g	Butter
220 g	Pfifferlinge
70 g	Frischkäse (Quark)
1 EL	Parmesan, gerieben
1 EL	Petersilie, gehackt

Gewürze
	Salz
	Pfeffer aus der Mühle
1 Msp.	Muskat

Garnitur
50 g	Pfifferlinge
40 g	Butter
50 g	Frischkäse (Quark)
	Kresse

ZUBEREITUNG

- Die Kartoffeln schälen, in Würfel schneiden und in Salzwasser 25 Minuten kochen. In ein Sieb schütten und trocknen lassen.

- Die Kartoffeln durch eine Kartoffelpresse drücken, die Butter beigeben und auskühlen lassen.

- Mehl, Eigelb, Muskat und Salz beigeben und schnell zu einem Teig kneten.

- Für die Füllung die Zwiebel und den Knoblauch schälen und in feine Würfel schneiden.

- Die Zwiebel- und Knoblauchwürfel mit der Butter in einer Pfanne farblos anrösten. Umgehend die fein geschnittenen Pfifferlinge beigeben und bei hoher Hitze 3–4 Minuten rösten. Vom Feuer nehmen, auskühlen lassen und fein hacken.

- Die Petersilie, den Frischkäse und den Parmesan beigeben, durchrühren und mit Salz und Pfeffer abschmecken.

- Den Kartoffelteig 4 mm dick ausrollen und mit einem runden Ausstecher (Durchmesser 7 cm) ausstechen. Die Pfifferlingmasse in der Mitte mit einem kleinen Löffel auftragen. Den Teigrand mit etwas Wasser befeuchten und den Teig halbmondförmig zusammenfalten. Mit den Fingern die Teigränder andrücken.

- Die Erdäpfelschlutzer im kochenden Salzwasser 4 Minuten kochen.

UNSERE TIPPS

* *Es eignen sich alle essbaren Pilze für dieses Gericht.*
* *Achten Sie darauf, dass die Kartoffeln nach dem Kochen gut ausdampfen und somit die überschüssige Feuchtigkeit abgeben.*
* *Falls Sie eine festere Konsistenz beim Kartoffelteig bevorzugen, ersetzen Sie die Hälfte des Mehls mit Hartweizengrieß.*

Erdäpfel

ANRICHTEN

- Die Erdäpfelschlutzer aus dem Wasser nehmen und anrichten.
- Die Pfifferlinge in feinste Scheiben schneiden, in einer heißen Pfanne mit der Butter 2 Minuten rösten und mit Salz und Pfeffer würzen. Zusammen mit der Butter über die Schlutzkrapfen streuen.
- Den Frischkäse in kleinen Flocken auf den Schlutzkrapfen verteilen und mit Kresse garnieren.

WARME VORSPEISEN

Graukäse-Lauchtörtchen
auf geschmolzenen Tomaten mit Wiesenkräutern

Für 4 Personen

150 g	Blätterteig (Seite 225)
	Butter zum Ausstreichen der Form

Füllung

30 g	Zwiebel, in Würfel geschnitten
350 g	Lauch, in feine Streifen geschnitten
20 g	Butter
100 g	Graukäse

Eierguss

80 ml	Sahne
70 ml	Milch
2	Eier
20 g	Parmesan

Gewürze

Salz
Pfeffer aus der Mühle

Garnitur

2	Tomaten
60 g	Butter
	Basilikum und Wiesenkräuter wie Kleeblüten oder frische Gartenkräuter

ZUBEREITUNG

- Einen Topf erhitzen, die Zwiebel mit der Butter farblos anrösten, die Lauchstreifen beigeben, würzen und zugedeckt 4–5 Minuten dünsten. Vom Feuer nehmen und auskühlen lassen. Einen Teil der Lauchstreifen für die Garnitur zum Anrichten aufbewahren.
- Den Graukäse in kleine Würfel schneiden, beigeben und locker unterrühren.
- Sahne, Milch, Eier, Parmesan, Salz und Pfeffer verrühren.
- Den Blätterteig dünn ausrollen, die Formen mit weicher Butter ausstreichen und den Teig in der Form auslegen.
- Die Graukäse-Lauchfüllung einfüllen, den Eierguss (Sahne, Milch und Eigemisch) eingießen und im Backrohr bei 175 Grad 25–30 Minuten backen.
- Die Tomaten vierteln, den Innenteil ausschneiden und das Fruchtfleisch in Würfel schneiden.

Gartemperatur: 175 Grad
Garzeit: 25–30 Minuten

UNSERE TIPPS

* *Sie können den Blätterteig auch im Fachhandel kaufen. Somit sparen Sie viel Arbeit und Zeit.*
* *Der Graukäse sollte nur einen begrenzten Reifegrad aufweisen. Dadurch lässt er sich leicht schneiden oder locker in kleine Stücke brechen.*
* *Den Graukäse können Sie selbstverständlich durch einen anderen regionalen Käse ersetzen, falls Sie diesen nicht vorrätig haben oder Ihnen der besondere Geschmack nicht zusagt.*
* *Im Sommer stehen Ihnen auf Wiesen zahlreiche Wiesenkräuter wie Kleeblüten, Löwenzahnblüten, Löwenzahnblätter und Brunnenkresse zur Verfügung. In der kalten Jahreszeit greifen Sie einfach auf frische oder getrocknete Kräuter aus dem Fachhandel zurück.*
* *Dieses Törtchen schmeckt auch vorzüglich lauwarm, mit einem bunten Salat als Beilage.*

Graukäse

ANRICHTEN

- Butter zerlassen, die Tomatenwürfel beigeben, leicht erhitzen und mit Salz und Pfeffer würzen.
- Die Graukäse-Lauchtörtchen auf Lauchstreifen anrichten, die warmen Tomatenwürfel passend beigeben und mit Basilikum und Wiesenkräutern garnieren.

WARME VORSPEISEN

Risottino aus Buchweizen
mit Gartenkräutern, buntem Gemüse und gehobeltem Bergkäse

Für 4 Personen

250 g	Gartengemüse (Karotten, Lauch, Sellerie, Fenchel, Zucchini)
40 g	Zwiebel, in Würfel geschnitten
2 EL	Öl
180 g	Buchweizen, ganz
600 ml	Gemüsebrühe (Seite 223)
30 g	Butter
20 g	Parmesan
20 ml	Weißwein

Gewürze
	Salz
	Pfeffer aus der Mühle
½	Knoblauchzehe, gehackt
1 EL	Kräuter, fein geschnitten (Petersilie, Basilikum, Kerbel, Schnittlauch)

Garnitur
100 g	Bergkäse
	etwas gezupfte Kräuter

ZUBEREITUNG

▸ Das Gemüse waschen, rüsten und falls notwendig schälen. Die Karotten kurz in kochendem Salzwasser bissfest kochen. Das restliche Gemüse in Würfel schneiden. Eine Pfanne erhitzen, etwas von der Zwiebel mit ein wenig Öl anschwitzen, das Gemüse beigeben und bei kräftiger Hitze rösten. Mit Knoblauch, Salz und Pfeffer würzen.

▸ Einen Topf erhitzen, die Zwiebelwürfel mit dem Öl farblos anrösten. Den Buchweizen beigeben, nun den Gemüsefond nach und nach aufgießen und immer wieder umrühren. Kochzeit: 25–30 Minuten.

▸ Am Ende der Kochzeit mit Salz, Pfeffer, Butter, Parmesan, Weißwein und den geschnittenen Kräutern abschmecken.

Garzeit: 25–30 Minuten

UNSERE TIPPS

* *Das Gemüse kann je nach Jahreszeit wechseln. Vorzüglich passen hierzu auch geröstete Pilze.*

* *Um die Kochzeit des Buchweizens zu reduzieren, können Sie diesen 1–2 Stunden in kaltem Wasser einweichen. Das Einweichwasser können Sie auch als Aufgussmittel verwenden.*

* *Die Gemüsebrühe kann durch eine Fleischbrühe ersetzt werden.*

* *Wenn Sie die Gemüsebrühe als Aufgussmittel verwenden, eignet sich das Gericht vorzüglich als vegetarisches Angebot.*

Buchweizen

ANRICHTEN

- Den Buchweizenrisotto anrichten und das Gemüseragout in die Mitte geben.
- Den Bergkäse einhobeln und mit frischen, gezupften Kräutern garnieren.

WARME VORSPEISEN

Gröstel aus weißem und grünem Spargel
mit Spiegelei von der Wachtel

Für 4 Personen

350 g	Kartoffeln, festkochend
250 g	weißer Spargel
250 g	grüner Spargel
50 g	Zwiebel, in Würfel geschnitten
2 EL	Öl
200 ml	Gemüsefond (Seite 223)
30 ml	Weißwein
1 TL	Zucker
20 g	Butter

Gewürze
Salz
Pfeffer aus der Mühle
½ Knoblauchzehe, gehackt

Garnitur
4 Wachteleier
Schnittlauch, fein geschnitten
Schnittlauchblüten

ZUBEREITUNG

- Die Kartoffeln im Salzwasser mit der Schale 30 Minuten kochen, abschütten, auskühlen lassen und schälen. Anschließend in Scheiben schneiden.

- Den weißen Spargel vom Kopf weg schälen. Die holzigen, trockenen Teile am Ende mit einem Messer wegschneiden. In reichlich Salzwasser unter Zugabe von 10 ml Weißwein, 1 Teelöffel Zucker und Butter etwa 15 Minuten kochen. Aus dem Wasser nehmen, auskühlen lassen und in Stücke schneiden.

- Den grünen Spargel an den Stielenden schälen, die holzigen Teile am Ende entfernen und die Spitzen abschneiden. Die Stangen roh in feine Scheiben schneiden. Die Spitzen bei Bedarf 5 Minuten in Salzwasser kochen.

- Eine Pfanne mit Öl erhitzen, die Kartoffelscheiben beigeben und goldgelb rösten. Aus der Pfanne nehmen und warm stellen.

- Nun die Zwiebelwürfel und den fein geschnittenen grünen Spargel mit Öl in der Pfanne rösten. Nach 5 Minuten den weißen Spargel und die gerösteten Kartoffeln beigeben, mit Knoblauch, Pfeffer und Salz würzen und mit dem verbliebenen Weißwein ablöschen. 50 ml Gemüsefond sowie die grünen Spargelspitzen beigeben.

UNSERE TIPPS

* *Ideales Angebot als vegetarisches Gericht, auch als Hauptspeise möglich.*

* *Der grüne Spargel wird hierbei, wie bei der Wok-Technik, ohne vorheriges Kochen direkt in der Pfanne gegart. Somit bleiben alle wertvollen Inhalts-, Geschmacks- und Aromastoffe sehr gut erhalten.*

* *Als festkochende Kartoffeln wurden hierbei Kipfler-Kartoffeln verwendet. Eine vorzügliche Sorte zum Rösten und Braten. Es gibt jedoch eine Vielzahl anderer festkochender Kartoffelsorten wie Desirée, Spunta, Sieglinde und Draga.*

* *Falls Sie den geschälten weißen Spargel fein schneiden, können Sie auch diesen ohne vorheriges Kochen direkt in der heißen Pfanne garen. Somit bleiben viele Vitamine und Mineralstoffe erhalten.*

Spargel

ANRICHTEN

- Für die Wachteleier eine Pfanne erhitzen, die Butter beigeben, die Eier aufbrechen und einlaufen lassen. Wie Spiegeleier braten.
- Das Spargelgröstel anrichten, mit Schnittlauch garnieren und jeweils ein Spiegelei passend einlegen.

Stroganoff aus Waldpilzen
mit gedünstetem Langkornreis

Für 4 Personen

50 g	Zwiebel, fein gehackt
2 EL	Öl
120 g	Steinpilze
120 g	Pfifferlinge
50 g	Lauch, in Streifen geschnitten
30 g	Essiggurken, in Streifen geschnitten
50 g	rote Peperoni, in Streifen geschnitten

Sauce

50 ml	Weißwein
1 EL	Cognac
2 TL	Paprika
100 ml	Gemüsefond (Seite 223)
100 ml	Sahne
1 TL	Mais- oder Weizenstärke

Langkornreis

30 g	Zwiebel
10 ml	Öl
160 g	Langkornreis
160 ml	Wasser
½	Lorbeerblatt
2	Gewürznelken
1 TL	Butter (10 g)

Gewürze

	Salz
	Pfeffer aus der Mühle
1 TL	Petersilie, gehackt

Garnitur

gebackene Lauchstreifen

UNSERE TIPPS

* *Für dieses Gericht können Sie alle Speisepilze verwenden.*
* *Das Gericht eignet sich auch vorzüglich als vegetarisches Hauptgericht.*
* *Die gängigsten Langkornreissorten sind Siam Patna und Basmati. Sie haben die vorzügliche Eigenschaft, dass sie nicht kleben.*
* *Das Gericht können Sie auch als Ragout von Waldpilzen bezeichnen.*

ZUBEREITUNG

▸ Für den Langkornreis die Zwiebel schälen und das Lorbeerblatt mit den Gewürznelken befestigen. In einem Topf das Öl erhitzen, den Reis beigeben und glasig rühren. Das heiße Wasser aufgießen, etwas umrühren, die Zwiebel beigeben und zugedeckt 18 Minuten am Herdrand oder im Rohr dünsten. Den Deckel abnehmen, den Reis lockern und die Butter beigeben.

▸ Die Pilze putzen, kurz waschen und in mundgerechte Stücke schneiden. Eine Pfanne erhitzen, darin die Pilze mit dem Öl sehr schnell bei großer Hitze abrösten und mit Salz und Pfeffer würzen. Die Pilze aus der Pfanne nehmen und warm stellen.

▸ Die Zwiebelwürfel in die noch heiße Pfanne geben und anschwitzen. Die Lauch-, Peperoni- und Gurkenstreifen hinzufügen und kurz durchschwenken. Den Paprika hinzufügen, mit Weißwein und Cognac ablöschen und mit dem Gemüsefond aufgießen. Aufkochen, mit Petersilie, Salz und Pfeffer würzen und die Sauce reduzieren lassen. Abschließend mit der in kaltem Wasser aufgelösten Stärke leicht binden.

▸ Nun die warmen Pilze beigeben und nochmals aufkochen.

Garzeit Stroganoff: 6–8 Minuten

ANRICHTEN

- Anrichten und mit gebackenen Lauchstreifen garnieren.
- Mit Langkornreis servieren.

Waldpilze

WARME VORSPEISEN

Eiertaglierini mit Bergkräuterblüten
und zerlassener Butter

Für 4 Personen

Nudelteig
- 100 g Mehl
- 100 g Hartweizengrieß
- 2 Eier
- 1 TL Öl

Kräuterbutter
- 50 g Butter
- ¼ Zwiebel, in Würfel geschnitten
- 20 ml Gemüsefond (Seite 223)
- 5 g Bergblüten
- 1 TL Schnittlauch
- ½ TL Thymian

Gewürze
- Salz
- Pfeffer aus der Mühle

Garnitur
- einige Blüten und Kräuter

ZUBEREITUNG

▸ Das Mehl und den Hartweizengrieß in eine Schüssel geben und mit den Eiern, dem Öl sowie dem Salz schnell zu einem geschmeidigen Teig verarbeiten. In eine Klarsichtfolie einschlagen und 30 Minuten rasten lassen.

▸ Auf einer bemehlten Fläche mit dem Nudelholz oder einer Nudelmaschine dünn ausrollen und feine Nudeln schneiden.

▸ Für die Kräuterbutter die Butter zerlassen, die Zwiebelwürfel farblos anschwitzen, den Gemüsefond sowie die Kräuter und Blüten beigeben und mit Salz und Pfeffer würzen.

▸ Die Nudeln in kochendem Salzwasser bissfest kochen. Die gekochten Nudeln zur Kräuterbutter geben und kurz rühren.

Garzeit Nudeln: 3–4 Minuten

UNSERE TIPPS

* *Es eignen sich viele gängige Gartenkräuter. Ebenso können Sie für dieses Gericht auch diverse Wildkräuter einsetzen.*

* *Vorzüglich eignen sich die Blüten von der Ringelblume, vom Löwenzahn, vom Klee und von der Kresse.*

* *Getrocknete Blüten von Gartenkräutern erhalten Sie auch im guten Fachhandel.*

* *Als Ersatz für die Bergblüten können Sie auch gehackte Küchenkräuter oder getrocknete essbare Blüten aus dem Fachhandel verwenden.*

* *Anstelle der Gemüsebrühe können Sie auch eine Fleischsuppe oder ausschließlich Butter verwenden.*

ANRICHTEN

▸ Die Nudeln ansprechend anrichten und mit Kräutern und Blüten garnieren.

Blüten

WARME VORSPEISEN

Rosmarinnudeln mit Hirschschinken
und Lauchstreifen

Für 4 Personen

Nudelteig

100 g	Mehl
100 g	Hartweizengrieß
2	Eier
1 TL	Öl
½ TL	Rosmarin, gehackt

Weitere Zutaten

80 g	Hirschschinken
50 g	Butter
15 g	Zwiebel, in Würfel geschnitten
80 g	Lauch, in Streifen geschnitten

Gewürze

Salz
Pfeffer aus der Mühle

Garnitur

40 g	Butter
40 g	rote Johannisbeeren
	etwas Rosmarin

ZUBEREITUNG

▸ Das Mehl und den Hartweizengrieß in eine Schüssel geben und mit den Eiern, dem Öl, dem Rosmarin sowie dem Salz schnell zu einem geschmeidigen Teig verarbeiten. In eine Klarsichtfolie einschlagen und 30 Minuten rasten lassen.

▸ Auf einer bemehlten Fläche mit einem Rollholz oder einer Nudelmaschine dünn ausrollen und breite Bandnudeln schneiden.

▸ Den Hirschschinken in feine Streifen schneiden und die Lauchstreifen kurz in Salzwasser abkochen.

▸ Bei Bedarf die Nudeln in kochendem Salzwasser bissfest kochen.

▸ Eine Pfanne erhitzen, die Zwiebelwürfel mit der Butter farblos anschwitzen. Lauchstreifen und Hirschschinken beigeben und nun die Nudeln hinzufügen. Kurz schwenken.

Garzeit Nudeln: 3–5 Minuten

UNSERE TIPPS

* *Der Teig kann auch ausschließlich mit Mehl zubereitet werden. Durch die Zugabe von Hartweizengrieß erhalten die Nudeln einen angenehmen Biss.*

* *Den Rosmarin können Sie durch verschiedene andere Küchenkräuter ersetzen. Dadurch ändert sich dann die Bezeichnung des Gerichtes. Ihnen bieten sich damit ungeahnte kulinarische Variationsmöglichkeiten.*

* *Anstelle der frischen Johannisbeeren können Sie tiefgekühlte verwenden. Ebenso können Sie in den Wintermonaten auch eingekochte Preiselbeeren verwenden.*

* *Als Garnitur sind bei diesem Gericht noch in heißem Fett gebackene Streifen von der Sellerieknolle dazugekommen.*

Hirschschinken

ANRICHTEN

- Die Nudeln ansprechend anrichten.
- Für die Garnitur die Butter in einer warmen Pfanne schmelzen lassen, die Johannisbeeren beigeben und kurz durchschwenken. Diese Butter auf die Nudeln geben.
- Mit einem Rosmarinzweig und einer Scheibe Hirschschinken garnieren.

WARME VORSPEISEN

Millefoglie aus der Kartoffel
mit gerösteten Steinpilzen und Topinampüree

Für 4 Personen

1	Kartoffel, ganz
	Topinampüree
120 g	Kartoffeln, mehlig
500 g	Topinambure
50 g	Butter
100 ml	Sahne
	Steinpilze
250 g	Steinpilze
30 g	Zwiebel, fein geschnitten
	Sauce
150 ml	Sahne
10 ml	Weißwein
	Gewürze
	Salz
	Pfeffer aus der Mühle
1 Msp.	Knoblauch
	Garnitur
	Kerbelspitzen

ZUBEREITUNG

- Die Kartoffeln waschen und mit der Schale in der Aufschnittmaschine in dünne Scheiben schneiden. Diese 20 Minuten in kaltem Wasser wässern, damit sich die Stärke lösen kann. Die Kartoffelscheiben in heißem Fett bei 170 Grad goldgelb backen.

- Für das Püree die Topinambure und die Kartoffeln schälen, in Würfel schneiden und in Salzwasser 25–35 Minuten weich kochen. Abschütten, ausdampfen lassen und durch die Kartoffelpresse drücken.

- Mit der Butter und der Sahne glatt rühren und mit Salz und Pfeffer abschmecken.

- Die Steinpilze in Scheiben schneiden. Eine Pfanne erhitzen, die Zwiebel mit der Butter goldgelb anschwitzen und die Steinpilze beigeben. 3–4 Minuten bei kräftiger Hitze rösten. Nun mit Salz, Pfeffer und Knoblauch würzen.

- Die Sahne in einem Topf aufkochen, mit Salz und Pfeffer abschmecken und leicht reduzieren lassen. Zum Schluss mit Weißwein verfeinern.

UNSERE TIPPS

* *Verwenden Sie ausschließlich mehlige Kartoffeln.*

* *Sollten Sie keine Topinambure erhalten, können Sie diese auch durch die Sellerieknolle ersetzen. Sie müssen dann aber die Bezeichnung des Gerichtes ändern. Ebenso können Sie für das Püree ausschließlich Kartoffeln verwenden.*

* *Sie können hier auf Wunsch diverse essbare Pilze verwenden.*

* *Für die Garnitur können Sie anstelle des Kerbels andere Gartenkräuter wählen.*

Topinambur

ANRICHTEN

- Die Kartoffelchips und das Püree in Schichten anrichten.
- Die Pilze einstreuen, die Sauce mit einem Schneebesen aufschlagen und einlaufen lassen. Mit einigen Kerbelspitzen garnieren.

Polentatörtchen mit Waldpilzen
auf buntem Gartengemüse

Für 4 Personen

Polenta
- 500 ml Wasser
- 100 g gelbes Polentamehl, mittelfein
- 20 g Butter

Belag und Füllung der Törtchen
- 60 g Steinpilze
- 60 g Pfifferlinge
- 1 EL Butter
- 30 g Tomatenwürfel
- 20 g Parmesan

Gemüse
- 100 g Karotten, geschält
- 100 g Selleriestange
- 60 g Lauch
- 2 EL Öl

Gewürze
- Salz
- Pfeffer aus der Mühle

Sauce
- 150 ml Sahne
- 1 TL Quark

ZUBEREITUNG

- Für die Polenta Wasser mit Salz und Butter aufkochen. Das Polentamehl mit einem Schneebesen einrühren und unter zeitweisem Umrühren 20–30 Minuten kochen.

- Die Polenta auf ein geöltes Blech stürzen und mit einem geölten Rollholz 1½ cm dick ausrollen. Auskühlen und fest werden lassen. Mit einem Ausstecher (Durchmesser 9 cm) ausstechen.

- Steinpilze und Pfifferlinge in Scheiben schneiden. Eine Pfanne erhitzen, die Butter sowie die Pilze beigeben und bei kräftiger Hitze 3–4 Minuten rösten. Nun die Tomatenwürfel beigeben und mit Salz und Pfeffer würzen.

- Mit der Pilz-Tomatenmischung die Polenta belegen und mit Parmesan bestreuen. Mit einer Polentascheibe abdecken und nochmals mit den Pilzen und Tomaten belegen. Bei Bedarf im Ofen 15–20 Minuten überbacken.

- Das angeführte Gemüse in Scheiben schneiden. Eine Pfanne erhitzen, das Öl und Gemüse beigeben und bei kräftiger Hitze schwenken. Mit Salz und Pfeffer würzen.

Gartemperatur Ofen: 160 Grad
Kochzeit Polenta: 20–30 Minuten

UNSERE TIPPS

* *Im Rahmen eines kulinarischen Spiels können Sie das Polentamehl durch Grieß ersetzen.*
* *Auch bei der Wahl der Pilze bieten sich Ihnen viele Variationsmöglichkeiten.*

Polenta

ANRICHTEN

- Das Gemüse sowie die Polentatörtchen anrichten.
- Die Sahne in einem Topf aufkochen, leicht reduzieren lassen und mit Quark, Salz und Pfeffer abschmecken. Mit dem Schneebesen aufschlagen und einlaufen lassen.

Sesam-Blätterteigkissen mit buntem Gemüse
und Schaum aus Gartenerbsen

Für 4 Personen

Blätterteigkissen
- 200 g Blätterteig (Seite 225)
- 1 Ei zum Bestreichen
- 25 g Sesam

Gemüse
- 8 Kirschtomaten
- 8 grüne Spargel
- 100 g Kohlrabi
- 100 g Zucchini

Schaum
- 5 g Butter
- 5 g Mehl
- 100 ml Gemüsebrühe (Seite 223)
- 50 g Sahne
- 30 g Erbsen, gekocht

Gewürze
- Salz
- Pfeffer aus der Mühle

ZUBEREITUNG

- Den Blätterteig auf einer bemehlten Fläche ½ cm dick ausrollen. Den Teig rund (Durchmesser 12 cm) ausstechen. Mit Ei bestreichen und mit dem Sesam bestreuen.
- Die Blätterteigblätter im vorgeheizten Ofen goldgelb backen.
- Den grünen Spargel, den Lauch und die Zucchini in passende Stücke schneiden und in kochendem Salzwasser bissfest kochen.
- Die Kirschtomaten kurz in kochendes Wasser tauchen, herausnehmen und die Haut abschälen.
- Für den Erbsenschaum die Butter in einem Topf zerlassen, das Mehl beigeben und glatt rühren. Den Gemüsefond und die Sahne einrühren, aufkochen lassen und mit Salz und Pfeffer abschmecken. Die gekochten Erbsen beigeben und im Mixer fein pürieren, bis der Schaum eine grüne Farbe erhält.
- Eine Pfanne erhitzen, die Butter und das Gemüse beigeben und mit Salz und Pfeffer würzen.

Gartemperatur Ofen: 180–200 Grad
Garzeit Blätterteigkissen: 16–20 Minuten

UNSERE TIPPS

* *Kaufen Sie den Blätterteig tiefgekühlt in einer guten Qualität. Somit sparen Sie viel Zeit und auch Arbeit.*
* *Achten Sie beim Backen des Blätterteiges auf eine sinkende Temperatur.*
* *Den Sesam können Sie auch durch Leinsamen oder Haferflocken ersetzen.*
* *Bei der Gemüseauswahl können Sie Ihrer Fantasie freien Lauf lassen. Nützen Sie die Gelegenheiten der einzelnen Jahreszeiten bei der Zubereitung der Gerichte. Sie werden Ihre Gäste begeistern.*

Sesam

ANRICHTEN

- Die warmen Blätterteigkissen wie ein Brötchen mit dem Messer halbieren und auf dem unteren Teil das Gemüse anrichten.
- Den Erbsenschaum einlaufen lassen.

WARME VORSPEISEN

Tiroler Knödeldreierlei
mit kross gebratenem Speck

Für 4 Personen

Knödelmasse
- 30 g Zwiebel, in Würfel geschnitten
- 20 g Butter
- 150 g schnittfestes Weißbrot, in feine Streifen geschnitten, oder Knödelbrot
- 2 Eier
- 80 ml Milch
- 1 EL Mehl

Weitere Zutaten
- 2 EL Schnittlauch, gehackt
- 50 g Bergkäse (oder Graukäse), in Würfel geschnitten
- 50 g Steinpilze, geröstet

Sauce
- 100 ml Milch
- 50 ml Sahne
- ½ TL Weizenstärke

Gewürze
- Salz
- Pfeffer aus der Mühle

Garnitur
- 4 Speckscheiben
- 20 g Kresse
- einige Kräuterblüten

ZUBEREITUNG

- Die Zwiebel in der Butter dünsten.

- Die Eier mit der Milch verrühren und zum Knödelbrot geben. Mit Salz und Pfeffer würzen und locker vermengen. Das Mehl beigeben und zu einem Teig kneten.

- Den Teig nun in drei gleiche Teile aufteilen und zu den einzelnen Teigen einmal den Schnittlauch, einmal den Bergkäse und einmal die Steinpilze hinzufügen. Die einzelnen Teige nochmals kurz durcharbeiten.

- Aus den einzelnen Teigen jeweils 4 Knödel formen und diese in reichlich kochendem Salzwasser 12 Minuten kochen.

- Milch und Sahne aufkochen, mit Salz und Pfeffer würzen und mit der in wenig kaltem Wasser aufgelösten Stärke leicht binden.

Garzeit Knödel: 10–15 Minuten

UNSERE TIPPS

* *Rollen Sie die Knödel schön rund ab, damit beim Kochvorgang kein Wasser eindringen kann. Somit erhalten Sie eine sehr hohe Qualität.*

* *Verwenden Sie nur schnittfestes, trockenes Brot für die Herstellung von Knödelgerichten, da weiches Brot einen wesentlich höheren Feuchtigkeitsgehalt aufweist.*

* *Abgeleitet aus überlieferten Rezepten, bieten Knödelgerichte heute ungeahnte kulinarische Variationsmöglichkeiten.*

Knödel

ANRICHTEN

- Die Speckscheiben in einer heißen Pfanne knusprig braten.
- Jeweils drei verschiedene Knödel anrichten. Die Rahmsauce einlaufen lassen, eine geröstete Speckscheibe einlegen und mit der Kresse und den Blüten garnieren.

Bergkäse-Grießtörtchen
auf buntem Gartengemüse

Für 4 Personen

Törtchen

½ l	Milch
20 g	Butter (1 EL)
110 g	Weizengrieß, mittelfein
50 g	Bergkäse, in Würfel geschnitten
2 TL	Parmesan, gerieben
1	Ei
	weiche Butter, zum Ausstreichen der Form

Gemüse

20 g	Zwiebel, in Würfel geschnitten (1 EL)
2 EL	Olivenöl
1	Tomate, in Würfel geschnitten
50 g	Knollensellerie
50 g	Zucchini

Gewürze

	Salz
	Pfeffer aus der Mühle
1 Msp.	Muskatnuss

Garnitur

20 g	Parmesan, gehobelt
	Salbeiblätter, gebacken
	Kresse

UNSERE TIPPS

* *Der Grießmasse können Sie auch Gemüse- und Pilzwürfel beigeben. Somit bietet sich Ihnen eine wunderbare kulinarische Abwechslung.*
* *Bei den Gemüsesorten können Sie frei nach saisonalem Angebot wählen.*
* *Den Bergkäse können Sie durch Quark oder Graukäse austauschen.*

ZUBEREITUNG

▸ Für das Bergkäsetörtchen die Milch zusammen mit der Butter, dem Salz und etwas Muskatnuss zum Kochen bringen.

▸ Den Weizengrieß unter ständigem Rühren mit dem Schneebesen einlaufen lassen. 5 Minuten bei schwacher Hitze kochen lassen. Die Grießmasse von der Kochstelle nehmen. Vom Ei das Eigelb abziehen. Das Eigelb mit dem Bergkäse in die Grießmasse einarbeiten.

▸ Die Masse 5 Minuten leicht auskühlen lassen. Das Eiweiß mit etwas Salz zu Schnee schlagen und in die Käsegrießmasse einheben. Runde, feuerfeste Keramik- oder Metallformen ausbuttern und die Grießmasse mit einem Spritzsack dreiviertelvoll einfüllen.

▸ Das Rohr auf 170 Grad vorheizen. Die Grießtörtchen mit etwas verquirltem Ei bestreichen und mit Parmesan bestreuen. Die Backformen in ein kochendes Wasserbad setzen und für 15–20 Minuten ins Rohr schieben.

▸ Die Tomate kurz in kochendes Wasser tauchen, die Haut abziehen und die Tomate vierteln. Den Innenteil ausschneiden und den Rest in Würfel schneiden. Sellerie und Zucchini ebenso in Würfel schneiden.

▸ Eine Pfanne erhitzen, das Olivenöl sowie die Zwiebeln, die Sellerie- und Zucchiniwürfel (leicht zeitversetzt) beigeben und 3–4 Minuten rösten. Am Ende der Garzeit die Tomatenwürfel beigeben und mit Salz und Pfeffer würzen.

Gartemperatur: 170 Grad
Garzeit Törtchen: 15–20 Minuten

Bergkäse

ANRICHTEN

- Das warme Gemüse passend im jeweiligen Teller anrichten.
- Die Törtchen aus den Formen stürzen und auf dem Gemüse anrichten. Mit einigen gebackenen Salbeiblättern und gehobeltem Parmesan garnieren.

Tagliolini aus Ringelblumenblüten
mit Kaninchenragout und Rotkohl

Für 4 Personen

Nudelteig
100 g	Mehl
100 g	Hartweizengrieß
2	ganze Eier
1 EL	Öl
2 EL	Ringelblumenblüten, getrocknet

Kaninchenragout
200 g	Kaninchenfleisch
40 g	Zwiebel, in Würfel geschnitten
60 g	Gemüsewürfel (Karotten, Sellerie, Lauch)
2 EL	Öl
1 EL	Tomatenmark
125 ml	Rotwein
300 ml	braune Kalbsbrühe (Seite 223)

Gewürze
Salz
Pfeffer aus der Mühle
1 Lorbeerblatt

Garnitur
50 g Rotkohl, fein geschnitten

ZUBEREITUNG

▸ Mehl, Hartweizengrieß, Eier, gehackte Ringelblumenblüten, Salz und Öl schnell zu einem Teig kneten. In eine Klarsichtfolie einschlagen und 30 Minuten rasten lassen.

▸ Auf einer bemehlten Fläche mit einem Rollholz oder einer Nudelmaschine dünn ausrollen und aus den Teigblättern feine Nudeln (Tagliolini) schneiden.

▸ Das Kaninchenfleisch in Würfel schneiden. Eine Pfanne erhitzen, das Öl und das Fleisch beigeben und kurz anbraten. Nun die Zwiebel und das Gemüse beigeben, kurz abrösten, das Tomatenmark hinzufügen und wiederum gut abrösten.

▸ Mit dem Rotwein ablöschen und mit der braunen Kalbsbrühe aufgießen. Mit Salz, Pfeffer und Lorbeer würzen, aufkochen und am Herdrand kochen lassen, bis die Sauce eine angenehme Konsistenz hat.

▸ Das Rotkraut in kochendem Wasser 1 Minute kochen. Abschütten und ausdampfen lassen. In heißem Fett bei 170 Grad kurz backen, bis es schön knusprig ist.

Garzeit Kaninchenragout: 30–40 Minuten

UNSERE TIPPS

* *Das Kaninchenfleisch können Sie auch durch Kalb-, Rind-, Geflügel- oder Rehfleisch ersetzen. Sie müssen dann aber die Bezeichnung des Gerichtes ändern.*

* *Die Kalbsbrühe können Sie durch Wasser ersetzen, falls keine vorrätig ist.*

* *Den Hartweizengrieß können Sie auch durch Mehl austauschen. Hartweizengrieß beeinflusst äußerst positiv die Konsistenz der Nudeln.*

* *Die Blütenblätter der Ringelblume können Sie sowohl frisch als auch getrocknet einsetzen.*

* *Die Blütenblätter von der Ringelblume erhalten Sie in getrockneter Form in Reform- und Teehäusern sowie in jeder Apotheke.*

* *Die Ringelblume können Sie zum Beispiel auch durch Löwenzahnblüten austauschen.*

Ringelblumen

ANRICHTEN

- Die Nudeln in Salzwasser bissfest kochen. In ein Sieb abschütten.
- Nun die Nudeln zum Kaninchenragout geben und kurz schwenken.
- Ansprechend auf dem Teller mit dem gebackenem Rotkohl anrichten.

Dinkelfleckerln mit Pfifferlingen
und frischen Gartenkräutern

Für 4 Personen

Nudelteig
- 100 g Mehl
- 200 g Dinkelvollkornmehl
- 3 Eier
- 2 TL Öl

Weitere Zutaten
- 20 g Zwiebel, in Würfel geschnitten
- 1 EL Butter
- 200 g Pfifferlinge

Gewürze
- Salz
- Pfeffer aus der Mühle
- ½ Knoblauchzehe

Garnitur
- gezupfte Gartenkräuter (Rosmarin, Schnittlauch, Estragon, Kerbel)

ZUBEREITUNG

- Mehl und Dinkelvollkornmehl in eine Schüssel geben und mit den Eiern, dem Öl sowie dem Salz schnell zu einem geschmeidigen Teig kneten. In eine Klarsichtfolie einschlagen und 30 Minuten rasten lassen.

- Auf einer bemehlten Fläche mit dem Nudelholz oder einer Nudelmaschine dünn ausrollen. Breite Nudeln schneiden.

- Eine Pfanne erhitzen, die Butter und die Zwiebel beigeben und farblos anschwitzen.

- Die Pfifferlinge in feine Scheiben schneiden und sofort beigeben. Mit Salz, Pfeffer und Knoblauch würzen und kurz rösten.

- Die Nudeln in kochendem Salzwasser 3–5 Minuten kochen. Die Nudeln abschütten und in der Pfifferlingsbutter leicht durchrühren.

Garzeit Nudeln: 3–5 Minuten

UNSERE TIPPS

* *Sollte der Nudelteig zu trocken sein, geben Sie einige Esslöffel Wasser hinzu oder ein Eigelb.*

* *Das Dinkelvollkornmehl können Sie auch durch ein Weizenvollkornmehl oder normales Mehl ersetzen. Sie müssen dann die Bezeichnung des Gerichtes ändern.*

* *Die Pfifferlinge können Sie durch beliebige andere essbare Pilze ersetzen. Ebenso können Sie auch verschiedene Pilze als Mischung einsetzen.*

* *Die Gartenkräuter und Blüten setzen Sie je nach Saisonangebot ein.*

ANRICHTEN

- Ansprechend auf dem Teller anrichten.
- Mit gezupften Gartenkräutern garnieren und servieren.

Dinkel

WARME VORSPEISEN

Nest vom frittierten Engelshaar
mit Ragout von Waldpilzen

Für 4 Personen

Nest
180 g	Suppennudeln, fein
	Öl zum Frittieren

Ragout
1 EL	Öl
50 g	Zwiebel, in Würfel geschnitten
300 g	Pilze (Steinpilze, Pfifferlinge)
15 g	Butter

Gewürze
	Salz
	Pfeffer aus der Mühle
1 EL	Petersilie, gehackt
½	Knoblauchzehe, gehackt

Garnitur
40 g	Gemüseperlen (Karotten, Zucchini)
80 g	Salatherzen
4	Kräuterzweiglein, je nach Angebot

ZUBEREITUNG

- Die Suppennudeln im Salzwasser 4 Minuten kochen. Abschütten, leicht einölen und auf einem Teller ausdampfen lassen.

- Die kalten Suppennudeln in einem bereits vorgewärmten Nestbacklöffel gut verteilen und bei 160 Grad in heißem Fett schwimmend goldgelb backen.

- Eine Pfanne erhitzen, Öl, Zwiebel und fein geschnittenen Knoblauch beigeben und kurz rösten.

- Die geschnittenen Pilze beigeben und 3–5 Minuten bei kräftiger Hitze rösten. Mit Salz, Pfeffer und Petersilie würzen und mit der Butter verfeinern.

- Die Gemüseperlen in kochendem Salzwasser 3 Minuten kochen.

Gartemperatur Öl: 160 Grad
Garzeit Nest: 3–4 Minuten

UNSERE TIPPS

* *Achtung! Um dieses Gericht zubereiten zu können, brauchen Sie einen Nestbacklöffel.*
* *Bei den Pilzen können Sie alle essbaren Pilze verwenden.*
* *Falls Sie es bevorzugen, können Sie hier auch eine leichte Rahmsauce verwenden.*

ANRICHTEN

- Das warme Nudelnest mit dem Pilzragout anrichten.
- Mit den frischen Kräutern und den Salatherzen sowie den Gemüseperlen garnieren.

Pilze

WARME VORSPEISEN

Lasagnette mit wildem Spinat
und Blauschimmelkäsesauce

Für 4 Personen

Teig
- 120 g Hartweizenmehl
- 80 g Mehl
- 2 Eier
- 1 TL Öl

Gemüse
- 400 g Wildspinat, jung (Guter Heinrich)
- 2 EL Olivenöl
- 1 EL Zwiebel, in Würfel geschnitten

Sauce
- 20 g Zwiebel, in Würfel geschnitten
- 1 EL Öl
- 100 ml Gemüsebrühe (Seite 223)
- 50 ml Sahne
- 50 g Blauschimmelkäse
- 1 TL Stärke

Gewürze
- Salz
- Pfeffer aus der Mühle

Garnitur
- Karottenstreifen, gebacken

ZUBEREITUNG

- Mehl und Hartweizenmehl in eine Schüssel geben und mit den Eiern, dem Öl sowie dem Salz schnell zu einem geschmeidigen Teig kneten. In eine Klarsichtfolie einschlagen und 30 Minuten rasten lassen.

- Auf einer bemehlten Fläche mit dem Nudelrollholz oder einer Nudelmaschine den Teig dünn ausrollen und runde Blätter (Durchmesser 12 cm) ausstechen.

- Die Karottenstreifen in Öl schwimmend bei 170 Grad backen.

- Eine Pfanne erhitzen, Olivenöl und Zwiebel beigeben und farblos anschwitzen. Nun die Blätter vom Wildspinat beigeben, mit Salz und Pfeffer würzen und 3–5 Minuten dünsten.

- Für die Sauce die Zwiebel mit Öl in einem Topf farblos anschwitzen. Gemüsebrühe und Sahne beigeben und aufkochen lassen. Mit Salz und Pfeffer würzen. Mit in kaltem Wasser aufgelöster Stärke binden, den in Würfel geschnittenen Blauschimmelkäse beigeben und mit dem Schneebesen oder Stabmixer aufschlagen.

- Die Nudelblätter in kochendem Salzwasser 3–5 Minuten kochen.

Garzeit Spinat: 3–5 Minuten

UNSERE TIPPS

* *Falls Ihnen der Wildspinat (Guter Heinrich genannt) in der freien Natur nicht bekannt ist, sehen Sie ihn im Hintergrund des Fotos als Dekor abgebildet.*

* *Als Ersatz für den wilden Spinat kann auch frischer Blattspinat verwendet werden. Ebenso können Sie aber zum Beispiel auch auf Wildgemüse wie die Brennnessel zurückgreifen. Genauso ist die Verwendung von Mangoldblättern sehr zu empfehlen.*

* *Den Blauschimmelkäse können Sie auch mit einem Käse Ihrer Wahl ersetzen.*

Spinat

ANRICHTEN

- Die Nudelblätter und den wilden Spinat in Schichten auf dem Teller anrichten.
- Die Käsesauce rundum einlaufen lassen und mit den gebackenen Karottenstreifen garnieren.

WARME VORSPEISEN

Kohlrabi-Kartoffelnockerln
mit Graukäsekrümeln und wildem Wiesenkümmel

Für 4 Personen

Kartoffelteig

400 g	geschälte Kartoffeln, mehlig (Majestic, Ackersegen, Kennebec)
2	Eidotter
130 g	Mehl
20 g	Butter (1 EL)
30 g	junge Kohlrabiblätter

Weitere Zutaten

60 g	Butter
2 TL	Wiesenkümmel

Gewürze

	Salz
	Pfeffer aus der Mühle
1 Msp.	Muskatnuss

Garnitur

40 g	Graukäse, geraspelt
	rote Paprikaschoten, in Streifen geschnitten

ZUBEREITUNG

- Die Kartoffeln in Salzwasser 30 Minuten kochen. Abschütten, ausdampfen lassen, anschließend durch die Kartoffelpresse drücken und die Butter beigeben.

- Die Kohlrabiblätter in kochendem Salzwasser zwei Minuten abkochen. Anschließend sofort in kaltem Wasser abkühlen.

- Eier und Kohlrabiblätter im Mixer aufmixen, bis die Masse die grüne Farbe der Kohlrabiblätter angenommen hat.

- Die pürierten Kartoffeln, die Eier-Kohlrabimasse, Mehl, Salz und Muskat schnell zu einem Teig verarbeiten.

- Aus dem Teig schnell dicke Stränge (Durchmesser 1 cm) formen und diese in 2 cm lange Stücke schneiden. Die einzelnen Teigstücke über eine Gabel abrollen, damit diese das typische Muster erhalten.

- Wasser in einem Topf zum Kochen bringen, salzen und die Nockerln einlegen. 3–4 Minuten kochen lassen.

Garzeit Nockerln: 3–4 Minuten

UNSERE TIPPS

* *Die Kohlrabiblätter mit ihrem sehr ausgeprägten Blattgrün (Chlorophyll) eignen sich vorzüglich sowohl zum Einfärben als auch als Geschmacksträger. Als Ersatz können Sie Blattspinat, Mangold und Basilikum einsetzen. Ändern Sie dann aber die Bezeichnung des Gerichtes.*

* *Der Wiesenkümmel kann in Südtirol auf ungedüngten Wiesen ab der zweiten Augusthälfte selbst geerntet werden. Sie erhalten ihn aber auch in getrockneter Form im Reformhaus.*

* *Als Ersatz für den Wiesenkümmel können Sie auch gängigen Gewürzkümmel verwenden.*

* *Falls Sie etwas festere Kartoffelnockerln bevorzugen, können Sie die Hälfte des Mehls für den Teig durch Hartweizengrieß ersetzen. Dadurch werden diese fester in der Struktur.*

Kohlrabi

ANRICHTEN

- Die Nockerln aus dem Wasser heben und im jeweiligen Teller anrichten.
- Die Butter in einer Pfanne schmelzen lassen, Wiesenkümmel hinzufügen und leicht erhitzen. Die Nockerln mit der Butter abschmälzen.
- Die Graukäsekrümel einstreuen und mit einigen Streifen vom roten Peperoni garnieren.

Knödel aus Räuchertopfen
auf buntem Gemüse

Für 4 Personen

Knödel
- 180 g Topfen, geräuchert
- 2 Eigelb
- 1 Ei
- 45 g Butter
- 90 g Weißbrot, entrindet und gerieben
- 20 ml Sahne (2 EL)
- 30 g Mehl

Gemüse
- 2 EL Olivenöl
- 20 g Zwiebel, in Würfel geschnitten
- 100 g Peperoni
- 100 g Melanzane
- 100 g Zucchini
- 1 Tomate

Gewürze
- Salz
- Pfeffer aus der Mühle
- ½ Knoblauchzehe
- 2 Basilikumblätter, in Streifen geschnitten

Garnitur
- 40 g Butter zum Abschmälzen
- 20 g Parmesan (2 EL)
- 30 g Rauke

ZUBEREITUNG

▸ Für die Knödel die Butter in einer Schüssel auf einem Wasserbad schaumig rühren und die zwei Eigelb nach und nach einarbeiten. Das Weißbrot mit dem Mehl mischen und zusammen mit den Eiern und Salz in die Masse einarbeiten.

▸ Den Räuchertopfen durch ein Haarsieb streichen oder in einem Cutter fein hacken und nun ebenso in die vorhergehende Masse einarbeiten. Zudecken und im Kühlschrank 30 Minuten rasten lassen, damit die Masse homogener wird. Kleine Knödel formen und diese im Kühlschrank bis zum Kochvorgang zwischenlagern.

▸ Für das Gemüse die einzelnen Sorten in Würfel schneiden. Eine Pfanne erhitzen, Olivenöl und Zwiebel und in der Folge das einzelne Gemüse hinzufügen. Mit Salz Pfeffer, Knoblauch sowie Basilikum würzen und 5 Minuten durchrösten.

▸ Die Rauke in heißem Öl bei 170 Grad knusprig backen.

▸ Reichlich Wasser in einem Topf aufkochen, salzen und die Knödel einlegen. Sobald das Wasser wieder kocht, den Topf an den Herdrand stellen und die Knödel 12–15 Minuten ziehen lassen.

Garzeit Knödel: 12–15 Minuten, unterhalb des Siedepunktes

UNSERE TIPPS

* *Räuchertopfen erhalten Sie im Fachhandel. Er zeichnet sich dadurch aus, dass er ein sehr angenehmes Raucharoma hat und wesentlich trockener ist als normaler Topfen.*

* *Als Ersatz für den Räuchertopfen können Sie auch trockene Ricotta einsetzen. Somit bietet sich Ihnen eine schöne Abwechslung.*

* *Die Gemüsemischung können Sie auch durch Brennnesselgemüse oder Blattspinat austauschen und ersetzen.*

* *Sie können selbstverständlich aus Zeitgründen an Stelle von drei Knödeln nur einen Knödel pro Person zubereiten.*

Topfen

ANRICHTEN

- Das Gemüse auf dem jeweiligen Teller anrichten und die Knödel passend einlegen.
- Mit zerlassener Butter, Parmesan und der gebackenen Rauke garnieren.

WARME VORSPEISEN

Roggenbrot-Ravioli mit Brennnesseln
und Brotkleebutter

Für 4 Personen

Nudelteig

200 g	Hartweizenmehl
200 g	Brösel aus Roggenbrot, fein gemahlen
2	Eier
1 EL	Öl
2 EL	Wasser (falls notwendig)

Brennnesselfüllung

160 g	Brennnesselblätter, in Streifen geschnitten
20 g	Zwiebel, in Würfel geschnitten
1 TL	Butter
100 ml	Sahne
1	Kartoffel, geschält

Gewürze

Salz
Pfeffer aus der Mühle
Muskatnuss

Garnitur

40 g	Butter
1 TL	Brotklee (Samen und Blätter)
20 g	Brotkleeblüten
	Kresse

ZUBEREITUNG

▸ Für den Nudelteig Hartweizenmehl und Brösel aus Roggenbrot mischen, die Eier, das Wasser sowie das Öl beigeben und zusammen zu einem Teig kneten. Mit einer Klarsichtfolie abdecken und 45 Minuten rasten lassen.

▸ Eine Pfanne erhitzen, Butter und Zwiebel beigeben, kurz durchrösten und die Brennnesselblätter hinzufügen. Kurz durchrühren, die Sahne beigeben und aufkochen lassen. Die Kartoffel in die kochende Masse einreiben. 2–3 Minuten durchkochen lassen und mit Salz, Pfeffer und Muskat würzen. Vom Feuer nehmen und auskühlen lassen.

▸ Den Nudelteig auf einer bemehlten Fläche mit einem Rollholz oder einer Nudelmaschine dünn ausrollen. Mit einem Ausstecher runde Nudelblätter (Durchmesser 6 cm) ausstechen.

▸ Die Brennnesselfüllung in der Mitte dünn auftragen und außen das Teigblatt mit etwas Wasser bestreichen. Mit einem weiteren Teigblatt abdecken und die Ränder fest abdrücken.

Garzeit Ravioli: 3–5 Minuten

UNSERE TIPPS

* *Bei diesem Teig handelt es sich um ein altes, überliefertes Rezept, das in seiner Zusammensetzung sowie im Geschmack sehr interessant ist.*

* *Die Brennnessel ist ein typisches, wildes alpines Gemüse. Falls Sie keine Brennnesseln zur Verfügung haben, können Sie auch auf Mangold, Blattspinat, aber auch auf Löwenzahnblätter ausweichen. Damit ändert sich die Bezeichnung des Gerichtes.*

* *Bei den Kartoffeln greifen Sie auf mehlige Sorten zurück. Diese haben durch den höheren Stärkegehalt eine bessere Bindekraft.*

* *Frischer Brotklee ist als Hintergrunddekoration abgebildet. Getrockneten Brotklee erhalten Sie im Reformhaus, im Naturkostladen sowie im guten Fachhandel. Als Ersatz können Sie auch frische Gartenkräuter wie zum Beispiel Thymian, Kümmel, Fenchel sowie Koriander verwenden.*

* *Als Ersatz für Brotkleeblüten können Sie auch auf getrocknete Blütenblätter aus dem Fachhandel zurückgreifen. Oder Sie verwenden frische Kräuter.*

Roggen

ANRICHTEN

- Die Ravioli in kochendem Salzwasser bissfest kochen und anschließend am jeweiligen Teller anrichten.
- Die Butter in einer Pfanne zerlassen, den Brotklee einstreuen und die Ravioli damit abschmälzen. Mit einigen Blüten und Kresse garnieren.

WARME VORSPEISEN

Törtchen aus Bergkäse
mit kleinem Gemüse und Tomatenbutter

Für 4 Personen

Törtchen
60 g	Butter
20 g	Mehl
250 ml	Milch
3	Eier
60 g	Bergkäse
80 g	Schwarzbrot, gerieben

Zum Ausstreichen der Formen
1 TL	Cremebutter
2 EL	Brotbrösel

Gemüse
100 g	Karotten, in Streifen geschnitten
100 g	Zucchini, in Streifen geschnitten
2 EL	Olivenöl

Tomatenbutter
100 ml	Tomatensauce (Seite 224)
15 g	Butter

Gewürze
Salz
Pfeffer aus der Mühle

Garnitur
½	Tomate, in Würfel geschnitten
	Kresse

UNSERE TIPPS

* *Den Bergkäse können Sie durch andere heimische Käsesorten ersetzen.*
* *Bei der Wahl der Gemüsesorten bieten sich viele abwechslungsreiche Möglichkeiten. Vorzüglich passt auch ein Kürbisgemüse, das Sie auf die gleiche Art und Weise zubereiten können.*

ZUBEREITUNG

- Für das Törtchen die Butter in einem Topf schmelzen lassen. Das Mehl einrühren, nun die Milch unter ständigem Rühren beigeben und schnell zum Kochen bringen. Nach 2 Minuten vom Feuer nehmen und einige Minuten auskühlen lassen.

- Die Eier aufschlagen und die Eigelb in die Masse nach und nach einarbeiten. Den Bergkäse in kleine Würfel schneiden und mit dem geriebenen Schwarzbrot mit einem Kochlöffel in die Masse einarbeiten. Mit Salz und Pfeffer würzen.

- Das Eiweiß mit etwas Salz zu einem festen Schnee schlagen und in die Käsemasse einheben. Die Metall- oder Keramikformen mit weicher Butter ausstreichen und mit Brotbrösel ausstreuen. Nun die Käsemasse mit einem Spritzsack dreiviertelvoll einfüllen.

- Das Backrohr auf 160 Grad vorheizen. In einem Topf Wasser zum Kochen bringen. In dieses Wasserbad die Backformen mit der Käsemasse stellen und in das Backrohr schieben.

- Eine Pfanne erhitzen, Olivenöl sowie die Karotten- und Zucchinistreifen beigeben und 2–3 Minuten durchschwenken. Mit Salz und Pfeffer würzen.

- Tomatensauce erhitzen, die Butter beigeben und mit dem Stabmixer oder einem Schneebesen aufschlagen.

Garzeit Törtchen: 25–30 Minuten

Bergkäse

ANRICHTEN

- Die Käsetörtchen aus den Formen stürzen und anrichten.
Das Gemüse verteilen und die Tomatenbutter einlaufen lassen.
Mit den Tomatenwürfeln und etwas Kresse garnieren.

Fische aus alpinen Flüssen, Seen und Bächen sind sehr begehrt und beliebt. Sie zeichnen sich durch einen äußerst niedrigen Fettgehalt aus und eignen sich daher vorzüglich für kalorienarme Gerichte. Wir geben Ihnen dazu einige sehr interessante Ideen und Anregungen.

*Wellfit,
wie ein **Fisch**
im Bergbach*

Ragout von alpinen Süßwasserfischen
im Krautersud

Für 4 Personen

150 g	Forellenfilet
150 g	Zanderfilet
150 g	Saiblingsfilet

Gemüse
50 g	Karotten
30 g	Fenchel
30 g	Selleriestange
30 g	Lauch

Sud
50 g	Weißwein
4 ml	Gemüsefond
½ TL	Weizen- oder Maisstärke

Gewürze
	Salz
	Pfeffer aus der Mühle
½ TL	Heublumen, getrocknet

Garnitur
4	Zweiglein Fenchelkraut

ZUBEREITUNG

- Die Fischfilets von der Haut lösen und eventuell noch vorhandene Gräten entnehmen. Anschließend in Stücke schneiden.

- Das Gemüse waschen, nach Bedarf schälen und in Streifen schneiden. Diese kurz in kochendem Salzwasser 1–2 Minuten kochen.

- Den Gemüsefond mit den getrockneten Heublumen erhitzen und 5 Minuten ziehen lassen. Anschließend durch ein Haarsieb seihen.

- Die Fischfilets mit Salz und Pfeffer würzen und im Heublumengemüsefond unterhalb des Siedepunktes 5–7 Minuten garen.

- Den Fond aufkochen und mit etwas Stärke (im kalten Wasser gelöst) binden.

Gartemperatur: 80 Grad
Garzeit Fischfilets: 5–7 Minuten

UNSERE TIPPS

* *Lassen Sie sich bereits vom Fischhändler die Fische enthäuten und zuschneiden.*

* *Als Sättigungsbeilage können Sie Natur- bzw. Salzkartoffeln reichen. Im Frühjahr eignen sich vorzüglich neue Kartoffeln.*

* *Getrocknete Bergblumen und Bergheu von vorzüglicher Qualität von ungedüngten Bergwiesen erhalten Sie in Reformhäusern, Naturkostläden und im Fachhandel.*

* *Als Ersatz für Bergblumen können Sie auch frische Kräuter wie Kerbel, Thymian, Petersilie und Rosmarin verwenden.*

Süßwasserfische

ANRICHTEN

▸ Die Fischstücke in einem tiefen Teller anrichten, die Gemüsestreifen einlegen und den leicht abgebundenen Fond einlaufen lassen. Mit Fenchelkraut garnieren.

Zanderfilet in der Erdäpfelkruste
mit Kräuteröl und wilder Bachkresse

Für 4 Personen

500 g	Zanderfilets (4 Stück)
1 EL	Öl

Kruste
2	Kartoffeln, mehlig
10 g	Butter (1 TL)

Kartoffelbeilage
20 g	Zwiebel, in Würfel geschnitten
1 EL	Butter (30 g)
250 g	Kartoffeln, festkochend
20 ml	Weißwein
400 ml	Gemüsefond (Seite 223)

Gewürze
Salz
Pfeffer aus der Mühle

Garnitur
20 ml	Olivenöl
½ TL	Kräuter (Rosmarin, Petersilie, Knoblauch)
	Bachkresse

ZUBEREITUNG

- Die Kartoffeln für die Kruste schälen und in sehr dünne Scheiben schneiden.

- Die Zanderfilets mit Salz und Pfeffer würzen. Anschließend mit den Kartoffelscheiben belegen. Eine Pfanne erhitzen, das Öl beigeben und die Filets mit der belegten Seite einlegen und schön knusprig braten.

- Die Filets wenden, mit Butter bestreichen und 4–6 Minuten im vorgeheizten Ofen braten.

- Für die Kartoffelbeilage die Kartoffeln schälen und in feine Würfel schneiden. Einen Topf erhitzen, einen Teil der Butter sowie die Zwiebeln beigeben und farblos glasieren. Die Kartoffelwürfel hinzugeben und mit Weißwein löschen. Nun den Gemüsefond nach und nach in kleinen Mengen hinzufügen. Am Ende der Garzeit mit Salz und Pfeffer abschmecken und mit der restlichen Butter verfeinern.

Gartemperatur: 160 Grad
Garzeit Kartoffelbeilage: 8–10 Minuten
Garzeit Zander: 4–6 Minuten

UNSERE TIPPS

* *Das Zanderfilet können Sie auch mit anderen Fischen wie Forelle, Lachsforelle oder Saibling austauschen.*
* *Achten Sie auf eine sehr kurze Garzeit, damit das Fischfleisch nicht trocken wird.*
* *Festkochende Kartoffelsorten: Spunta, Sieglinde, Desirée.*

Zander

ANRICHTEN

- Die Zanderfilets auf der Kartoffelbeilage, auch Kartoffelrisotto genannt, anrichten.
- Die Kräuter fein hacken und in das kaltgepresste Olivenöl einrühren. Mit dem Öl und mit der Bachkresse das Gericht garnieren und servieren.

Lachsforellenfilet auf Sauerkraut
in Kümmel-Rahmsauce

Für 4 Personen

500 g	Lachsforellenfilets (4 Stück)
1 TL	Butter
20 ml	Weißwein

Sauce

150 ml	Sahne
½ TL	Kümmel

Sauerkraut

10 g	Butter
20 g	Zwiebel
250 g	Sauerkraut

Gewürze

Salz
Pfeffer aus der Mühle
1 Lorbeerblatt

Garnitur

Kümmel
einige Gemüsestreifen

ZUBEREITUNG

▸ Das Sauerkraut kurz unter fließendem Wasser waschen, damit nur mehr ein sehr begrenzter Anteil der Säure erhalten bleibt. In einem Topf die Zwiebel in der Butter farblos anrösten, das Sauerkraut beigeben und 100 ml Wasser beigeben. Mit Salz, Pfeffer und Lorbeer würzen und zugedeckt 50 Minuten kochen lassen.

▸ Die Lachsforellenfilets exakt zuschneiden, die Seitengräten zupfen und die Haut abziehen. Mit Salz und Pfeffer würzen. Den Weißwein und die Butter in einen Topf geben und die Lachsforellenfilets einlegen. Mit einem Deckel abdecken und langsam, knapp unter dem Siedepunkt garen.

▸ Für die Sauce die Sahne, etwas Kümmel und die Flüssigkeit vom gegarten Fisch aufkochen und 3–4 Minuten einreduzieren lassen. Mit Salz und Pfeffer würzen und mit einem Schneebesen gut aufschlagen.

Gartemperatur: 80–85 Grad
Garzeit Fisch: 7–8 Minuten

UNSERE TIPPS

* *Lassen Sie sich die Lachsforellenfilets bereits vom Fischhändler exakt zuschneiden.*
* *Halten Sie die Garzeit sehr knapp, damit der Fisch saftig bleibt und seine feste Struktur behält.*
* *Achten Sie darauf, dass die überschüssige Säure des Sauerkrautes möglichst ausgewaschen wird. Nur dann harmoniert Sauerkraut mit der Lachsforelle.*
* *Als Sättigungsbeilage passen Natur-, Salz- oder Dampfkartoffeln.*

Lachsforelle

ANRICHTEN

- Das Sauerkraut auf dem jeweiligen Teller anrichten und die Forellenfilets einlegen.
- Die aufgeschlagene Sauce einlaufen lassen und etwas Kümmel einstreuen. Mit einigen Gemüsestreifen garnieren.

Gebackenes Bachforellenfilet auf Kartoffelsalat
mit Kräuterdip

Für 4 Personen

500 g	Forellenfilets (4 Stück)

Panade

2 EL	Mehl
2	Eier
100 g	Semmelbrösel

Salat

600 g	Kartoffeln, festkochend
30 g	Lauch, in Streifen geschnitten
30 ml	Weißweinessig
50 ml	Öl

Dip

50 g	Naturjoghurt
20 g	Mayonnaise
2 TL	Kräuter (Schnittlauch, Kerbel, Basilikum), gehackt

Gewürze

Salz
Pfeffer aus der Mühle

Garnitur

10 g	Radieschenstifte
	Schnittlauch
	Kresse

ZUBEREITUNG

▸ Die Kartoffeln in Salzwasser 30–35 Minuten kochen. Abschütten, schälen und auskühlen lassen. In dünne Scheiben schneiden und die Lauchstreifen beigeben. Mit Salz, Pfeffer, Weißweinessig und Öl marinieren.

▸ Für den Dip alle Zutaten zusammen glatt rühren.

▸ Die Forellenfilets exakt zuschneiden, Gräten ausschneiden und die Seitengräte zupfen. Die einzelnen Filets jeweils in drei Stücke schneiden.

▸ Die Filets mit Salz und Pfeffer würzen.

▸ Die Eier verquirlen, die Filetstücke im Mehl wenden, durch das verquirlte Ei ziehen und in den Semmelbröseln panieren. In heißem Öl knusprig backen.

Gartemperatur: 175 Grad
Garzeit: 4–5 Minuten

UNSERE TIPPS

* *Verwenden Sie für dieses Gericht ausschließlich festkochende Kartoffeln.*

* *Die Forelle können Sie auch mit Fischen wie Zander, Lachsforelle, Wels oder auch Saibling austauschen.*

* *Achten Sie beim Fisch auf eine kurze Garzeit, damit das Filet nicht trocken wird.*

* *Als Dips werden moderne Ableitungen von Mayonnaisen bezeichnet. Diese Dips sind durch die Zugabe von Naturjoghurt sehr leicht und kalorienarm.*

Bachforelle

ANRICHTEN

- Die Forellenfiletstücke auf Kartoffelsalat anrichten und den Dip einfließen lassen.
- Mit Radieschen, Kresse und Schnittlauch garnieren.

Welsfilet in Dampf gegart
auf Rohnen

Für 4 Personen

600 g	Welsfilet
20 ml	Weißwein
	Gemüse
400 g	Rohnen
20 g	Butter
	Sauce
5 ml	Rohnensaft
20 ml	dunkler Rotwein
1 EL	Honig
	Gewürze
	Salz
	Pfeffer aus der Mühle
	Lorbeer
	Garnitur
20 ml	Olivenöl
	einige Petersilienblätter

ZUBEREITUNG

▸ Die Rohnen waschen, schälen und in Spalten schneiden. Wenig Wasser in einem Topf aufkochen, die Rohnen in einen Siebeinsatz einlegen und zudecken. Im Dampf 40 Minuten garen.

▸ Den Rohnensaft mit dem Rotwein und dem Honig aufkochen und auf ein Drittel reduzieren lassen, bis dieser eine schöne Konsistenz erreicht hat.

▸ Vom Welsfilet die Haut abziehen und in 8 Stücke schneiden. Wenig Wasser (1 cm hoch) in einem Topf aufkochen und den Weißwein sowie das Lorbeerblatt beigeben. Die Welsfilets in einem Siebeinsatz einsetzen, den Topf mit einem Deckel abdecken und die Filets im Dampf 6–8 Minuten garen.

▸ Eine Pfanne leicht erhitzen, die Butter sowie die gedämpften Rohnen beigeben und mit Salz und Pfeffer würzen.

Gartemperatur Fisch: 85 Grad
Garzeit: 6–8 Minuten

UNSERE TIPPS

* *Welsfilets erhalten Sie beim Fischhändler. Es ist ein Süßwasserfisch mit fast grätenlosem, weißem, festem Fleisch. Der Wels kommt in größeren und wärmeren Flüssen und Seen mit weichem Untergrund vor.*

* *Den Wels können Sie durch beliebige andere Fischsorten austauschen. Lassen Sie dabei Ihrer Fantasie freien Lauf.*

* *Achten Sie auf eine sehr kurze Garzeit, damit die Konsistenz des Filets erhalten bleibt.*

* *Sie können die Rohnen auch im Ganzen in Wasser kochen. Achten Sie dabei darauf, dass Sie die Knollen vor dem Kochen nicht verletzen. Denn dann verlieren diese den roten Farbstoff.*

* *Rohnensaft können Sie selbst mit dem Entsafter frisch aus rohen Rohnen herstellen. Sie können diesen aber auch im Fachhandel kaufen.*

Wels

ANRICHTEN

- Die Welsfilets auf dem Rohnengemüse anrichten.
- Die Rohnensaftreduktion einlaufen lassen und mit etwas Olivenöl verfeinern.
- Mit den Petersilienblättern ausgarnieren.

Saltimbocca von der Forelle
mit Spargel auf Mangoldcreme

Für 4 Personen

500 g	Forellenfilets (4 Stück)
120 g	Lachsforellenfilet (1 Stück)
1 EL	Öl

Gemüse
350 g	weißer Spargel
350 g	grüner Spargel
15 g	Butter (1 EL)

Sauce
120 g	Mangoldblätter
150 ml	Sahne
50 ml	Olivenöl

Gewürze
Salz
Pfeffer aus der Mühle

Garnitur
Basilikumblätter

ZUBEREITUNG

- Die Spargel schälen und in Salzwasser bissfest kochen. Kochzeit für weißen Spargel: 15–20 Minuten; Kochzeit für grünen Spargel: 8–12 Minuten. Anschließend die Spargel sofort in kaltem Wasser abkühlen und in passende Stücke schneiden, wobei die Spitzen für die Garnitur benötigt werden. 125 ml vom Spargelwasser zurückbehalten.

- Die Mangoldblätter in Salzwasser weich kochen (4–7 Minuten) und in kaltem Wasser sofort abkühlen. Ausdrücken und klein schneiden.

- Die Sahne mit etwas Spargelwasser in einem Topf auf kleiner Flamme um die Hälfte reduzieren lassen. Mit Salz und Pfeffer abschmecken und auskühlen lassen. Nun die Sauce im Mixer mit dem Olivenöl und dem Mangold zu einer Creme mixen.

- Die Forellenfilets genau zuschneiden und die Gräten zupfen. Die weißen Forellenfilets jeweils in drei Stücke schneiden und diese mit Salz und Pfeffer würzen. Jeweils mit einem Basilikumblatt belegen. Das rosa Lachsforellenfilet in hauchdünne Scheiben schneiden und damit die Forellenfilets belegen.

- Eine Antihaftpfanne erhitzen, das Öl beigeben und die Forellenstücke (zuerst die Seite mit dem Lachsforellenfilet) beidseitig kurz braten.

Garzeit Forelle: 5–7 Minuten

UNSERE TIPPS

* *Die Mangoldblätter können Sie durch Brennnesseln, jungen Blattspinat oder Broccoli ersetzen.*

* *Achten Sie auf eine sehr kurze Garzeit, damit die Forellenfilets nicht trocken werden.*

* *Saltimbocca ist in diesem Fall eine Abwandlung vom klassischen italienischen Gericht Saltimbocca alla romana. Dies bezieht sich hier auf die Arbeits- und Präsentationstechnik, aber nicht auf das Produkt. Das Gericht wird somit in seiner wörtlichen Bedeutung einfach wesentlich interessanter.*

Forelle

ANRICHTEN

- Den restlichen Spargelsud aufkochen, die Butter in Stücken beigeben und leicht reduzieren lassen. Die Spargelstücke beigeben und mit Salz und Pfeffer würzen. In heißem Zustand anrichten.
- Die Saltimbocca von der Forelle einlegen. Die Mangoldcreme kurzfristig erhitzen, mit dem Schneebesen aufschlagen und einlaufen lassen.

Bachforellenfilet in der Zitronenkruste
mit Perlen vom Alpenapfel

Für 4 Personen

600 g	Bachforellenfilets
1 EL	Öl

Apfelperlen
2	Äpfel
1 TL	Butter
10 ml	Apfelessig

Kruste
40 g	Weißbrot, gerieben, ohne Rinde
10 g	Butter
	etwas Zitronengelb, gerieben

Gewürze
Salz
Pfeffer aus der Mühle

Garnitur
4	Zitronenmelisseblätter
20 ml	Sonnenblumenöl
1	Chilischote

ZUBEREITUNG

- Aus den Äpfeln mit der Schale 20 Kugeln ausstechen. Eine Pfanne erhitzen und die Butter mit den Apfelkugeln beigeben. Mit dem Apfelessig löschen und 3–5 Minuten zugedeckt glasieren.

- Bei den Bachforellenfilets die Gräten ausschneiden und zupfen. Die Filets in acht Stücke schneiden. Nun mit Salz und Pfeffer würzen und in einer heißen Pfanne auf der Fleischseite 2 Minuten braten. Die Filets wenden und auf die Hautseite legen.

- Das geriebene Weißbrot, die weiche Butter sowie etwas Zitronengelb beigeben und leicht durchmischen.

- Die Filets mit der Zitronenkruste bestreuen und im vorgeheizten Ofen überbacken.

Gartemperatur: 170 Grad
Garzeit im Ofen: 6–8 Minuten

UNSERE TIPPS

* *Achten Sie auf eine äußerst kurze Garzeit bei der Bachforelle, damit das Filet schön saftig bleibt.*
* *Sie können die Bachforelle auch durch eine Lachsforelle, einen Zander oder auch einen Saibling ersetzen.*
* *Vorzüglich passen hierbei Äpfel wie Braeburn, Granny Smith oder Jonagold.*

Bachforelle

ANRICHTEN

- Die Forellenstücke und die Apfelperlen ansprechend auf dem Teller anrichten.
- Mit Zitronenmelisse, Chili und Sonnenblumenöl garnieren.

Medaillon vom Saibling
mit Krebsschwänzen in Blauburgunderbutter

Für 4 Personen

600 g	Saiblingsfilets
8	Krebsschwänze
1 EL	Öl

Gemüse
200 g	Blattspinat
2 EL	Olivenöl

Butter
100 ml	Blauburgunder
60 g	Butter

Sauce
150 ml	Sahne
20 ml	Weißwein
	Zitronensaft

Gewürze
Salz
Pfeffer aus der Mühle

ZUBEREITUNG

- Den Rotwein in einem Topf auf kleiner Flamme auf ein Viertel reduzieren lassen. In die noch lauwarme Reduktion die kalten Butterstücke einrühren. Mit Salz würzen und bei Raumtemperatur lagern.

- Die Saiblingsfilets zuschneiden, Gräten ausschneiden sowie zupfen. Die Haut ablösen und in acht Stücke schneiden.

- Die Krebsschwänze von der Schale lösen und den Darm ziehen. Die Krebse in kochendes Salzwasser mit einem Schuss Weißwein geben, vom Feuer nehmen und 3 Minuten ziehen lassen.

- Für die Sauce die Sahne mit etwas Salz leicht reduzieren lassen. Mit Weißwein und einigen Tropfen Zitronensaft abschmecken und mit einem Schneebesen aufschlagen.

- Den Blattspinat gut waschen. Eine Pfanne erhitzen, das Olivenöl sowie die Spinatblätter beigeben und 2 Minuten durchrösten, bis der Spinat durch die Hitze zusammenfällt. Mit Salz und Pfeffer würzen.

- Eine Pfanne erhitzen, das Öl beigeben, die Saiblingsfilets einlegen und beidseitig kurz bei sanfter Hitze 4–6 Minuten braten.

Garzeit Saiblingsfilets: 4–6 Minuten

UNSERE TIPPS

* *Achten Sie auf sehr kurze Garzeiten beim Fisch. Somit bleibt die Konsistenz des Fleisches erhalten und der Fisch ist sehr saftig.*

* *Die Gartechnik beim Blattspinat entspricht der Wok-Technik wie sie vor allem im asiatischen Raum angewendet wird.*

* *Den Blattspinat könnten Sie in den Sommermonaten mit jungen Brennnessel- oder Löwenzahnblättern oder durch Mangold ersetzen.*

* *An Stelle des Blauburgunders können Sie selbstverständlich auch einen anderen heimischen Rotwein verwenden.*

Saibling

ANRICHTEN

- Spinat, Saiblingsfiletstücke und die Krebsschwänze anrichten.
- Die weiche Rotweinbutter auf dem Teller verteilen und nun die aufgeschlagene Sauce einlaufen lassen.

Fleisch und Fleischgerichte sind ein fixer Bestandteil einer gesunden, ausgewogenen Ernährung.

Dem Geist der Zeit entsprechend, möchten wir Ihnen diese heimischen Produkte in Kombination mit alpinen Aromen, Kräutern und buntem Gemüse präsentieren.

Was gibt es doch Schöneres, als ein wunderbares, farbenfrohes Gericht mit frischen alpinen Aromen im Kreise von Freunden zu genießen und dabei die Seele baumeln zu lassen?

Hauptgerichte
aus alpinen Produkten

Alpines Bauernbratl vom Milchkalb
mit buntem Wurzelgemüse

Für 4 Personen

600 g	Kalbsschulter
150 g	Röstgemüse (Zwiebel, Karotten, Sellerie)
2 EL	Öl
1 TL	Tomatenmark
50 ml	Weißwein
500 ml	braune Kalbsbrühe (Seite 223)
1–2 TL	Weizenstärke

Gemüse
100 g	Karotten
100 g	Selleriestange
100 g	Wirsing
50 g	Steinpilze
200 g	Kartoffeln
30 g	Butter

Gewürze
Salz
Pfeffer aus der Mühle

Garnitur
gezupfte Gartenkräuter (Rosmarin, Thymian)
4 Kartoffelchips

ZUBEREITUNG

- Das Fleisch in Würfel (2 × 2 cm) schneiden. Diese mit Salz und Pfeffer würzen und in einer heißen Pfanne mit Öl anbraten. Das in Würfel geschnittene Röstgemüse beigeben und mitrösten.

- Das Tomatenmark hinzufügen, gut abrösten, mit dem Weißwein löschen und mit der braunen Kalbsbrühe aufgießen. Aufkochen lassen und bei sanfter Hitze 1 Stunde kochen.

- Das Gemüse waschen, wenn notwendig schälen und schneiden. In kochendem Salzwasser 8–10 Minuten kochen und sofort mit kaltem Wasser abkühlen.

- Die Steinpilze in Scheiben schneiden und in einer heißen Pfanne mit Butter beidseitig braten.

- Die Kartoffeln in Würfel (2 × 2 cm) schneiden und in Salzwasser 12–15 Minuten kochen.

- Das Fleisch aus der Sauce nehmen, diese mit Salz abschmecken, mit der Stärke (in kaltem Wasser gelöst) binden und durch ein Haarsieb seihen.

Garzeit Kalbsschulter: 50–60 Minuten

UNSERE TIPPS

* *Die Kalbsschulter können Sie mit Geflügelfleisch, aber auch mit Schweinefleisch ersetzen.*
* *Achten Sie darauf, dass das Gemüse bissfest gekocht wird.*
* *Die Sauce sollte eine schöne braune, jedoch klare und appetitanregende Farbe aufweisen.*

Milchkalb

ANRICHTEN

- Eine Pfanne erhitzen. Die Butter und das Gemüse beigeben und mit Salz und Pfeffer würzen. Die Fleischwürfel und das Gemüse anrichten und die Sauce einlaufen lassen.
- Die Kartoffeln und die Steinpilzscheiben einlegen und mit gezupften Kräutern und jeweils einem Kartoffelchip garnieren.

151

HAUPTGERICHTE

Gebratenes Spanferkelkarree mit Bergkräutern
in Honigsauce auf Kohlgemüse

Für 4 Personen

4	Spanferkelkarrees zu 130 g (4 Rippenknochen)
2 EL	Öl zum Anbraten

Sauce
80 g	Röstgemüse (Zwiebel, Karotten, Sellerie und Lauch)
1 TL	Tomatenmark
50 ml	Weißwein
2 TL	Honig

Kruste aus Bergkräutern
60 g	Weißbrot, entrindet und fein gerieben
1 EL	Senf
15 g	Kräuter (Rosmarin, Thymian, Salbei, Knoblauch)
10 g	Walnüsse
20 g	Parmesan
60 g	Butter

Kohlgemüse
100 g	Wirsing
100 g	Weißkohl
100 g	Rotkraut
30 g	Butter

Gewürze
Salz
Pfeffer aus der Mühle

UNSERE TIPPS

* *Dazu können Sie auch andere Gemüsesorten verwenden.*
* *Für die Kruste können Sie auf viele andere Gartenkräuter zurückgreifen und somit ungeahnte geschmackliche Variationsmöglichkeiten einbringen.*
* *Achten Sie darauf, dass das Fleisch schön saftig bleibt.*

ZUBEREITUNG

▸ Die Karreestücke von Sehnen befreien und die Rippenknochen mit dem Messer sauber putzen. Salzen, pfeffern und in einer heißen Pfanne mit dem Öl rundherum anbraten.

▸ Das Fleisch aus der Pfanne nehmen, das Röstgemüse in kleine Würfel schneiden und beigeben. Schön braun rösten, das Tomatenmark beigeben und nochmals rösten. Mit dem Weißwein löschen und mit 250 ml Wasser aufgießen. Auf kleiner Flamme etwa auf die Hälfte einreduzieren lassen. Mit Salz und Pfeffer würzen, den Honig beigeben und auflösen. Die Sauce durch ein feines Sieb seihen.

Kruste
▸ Die Weißbrotbrösel, den Senf, die gehackten Kräuter und Walnüsse, den Parmesan und die Butter mit Salz und Pfeffer zu einer Krustenmasse verkneten. Eine Rolle formen und kühl stellen.

Kohlgemüse
▸ Das Gemüse waschen und in Rauten schneiden. Salzwasser zum Kochen bringen und die einzelnen Kohlsorten bissfest kochen. In kaltem Wasser sofort abkühlen.

Gartemperatur Ofen: 200 Grad
Garzeit Fleisch: 8–12 Minuten

Spanferkel

ANRICHTEN

- Die Krustenmasse in Stücke schneiden, damit die Karreestücke belegen und diese in das vorgeheizte Rohr schieben und braten.
- In eine Pfanne das Gemüse und die Butter geben, mit Salz und Pfeffer würzen und erhitzen. Das Gemüse anrichten, die Karreestücke schneiden, einlegen, die Sauce einlaufen lassen und das Gericht servieren.

Kalbsfilet im Bergheu gegart
mit Salsa verde aus Bergkräutern

Für 4 Personen

600 g	Kalbsfilet
2 EL	Öl
100 g	Bergheu, aus über 1700 Metern Meereshöhe
60 ml	Weißwein

Salsa verde aus Bergkräutern

2	Sauerampferblätter
4	Löwenzahnblätter
4	Spitzwegerichblätter
1	Essiggurke
1 TL	Kapern
30 g	Zwiebel
1 TL	Senf
2 EL	Rotweinessig
4 EL	Olivenöl

Gemüse

150 g	Kohlrabi
150 g	Gartenkarotten
80 g	Zucchini
15 g	Butter

Gewürze

Salz
Pfeffer aus der Mühle

Garnitur

gezupfte Kräuter (Kleeblüten, Löwenzahnblätter, Sauerampfer)

ZUBEREITUNG

- Für die Salsa verde Sauerampfer-, Löwenzahn- und Spitzwegerichblätter, Essiggurke, Kapern und Zwiebel fein hacken. Senf, Rotweinessig und Salz beigeben und das Olivenöl einrühren.

- Das Kalbsfilet von Sehnen befreien, mit Salz und Pfeffer würzen und in einer heißen Pfanne mit dem Öl allseitig gut anbraten.

- Das Heu mit dem Weißwein in einen Topf geben, das Kalbsfilet darin einschlagen und im Ofen garen.

- Die Kohlrabi waschen, Blätter und Stiele sowie den Wurzelansatz abschneiden und schälen. In Spalten schneiden und diese in kochendem Salzwasser 7–10 Minuten kochen. Sofort in kaltem Wasser abkühlen.

- Die Karotten schälen, schneiden und 8–10 Minuten in Salzwasser kochen.

- Zucchini waschen, schneiden und 2–3 Minuten in Salzwasser kochen.

Gartemperatur Kalbsfilet: 130 Grad
Garzeit Kalbsfilet: 30–45 Minuten

UNSERE TIPPS

* *Durch das Einlegen in das Bergheu und das Garen im Niedertemperaturbereich von 130 Grad nimmt das Fleisch das Aroma des Bergheus auf.*

* *Beachten Sie, hierbei nur Bergheu von ungedüngten Wiesen aus über 1700 Metern Meereshöhe zu verwenden. Dieses hat ein ganz außergewöhnliches Aroma von Bergkräutern und Bergblüten.*

* *Sie können das Bergheu auch durch im Handel gängige frische Kräuter ersetzen.*

* *Salsa verde wird in der deutschen Sprache als grüne Sauce bezeichnet. Bei diesem Gericht wird diese aus wilden Kräutern zubereitet. Sollten Sie keine wilden Kräuter bekommen, nehmen Sie gängige Gartenkräuter wie Petersilie, Kerbel, Schnittlauch und Basilikum.*

Kalbsfilet

ANRICHTEN

- Kohlrabispalten, Zucchini und Karotten mit der Butter und etwas Gemüsewasser in einer Pfanne erhitzen und anrichten.
- Das Fleisch aus dem Bergheu nehmen, schneiden und auf dem Gemüse anrichten.
- Die Salsa verde einlaufen lassen und einige Kräuter einzupfen.

Schweinshaxl mit schwarzem Kümmel gebraten
in dunkler Biersauce mit alpinem Gemüse

Für 4 Personen

4	Haxen vom Spanferkel, hintere
	Sauce
125 g	Röstgemüse (Karotten, Sellerie, Zwiebel, Lauch)
½ TL	Tomatenmark
150 ml	dunkles Bier
300 ml	braune Kalbsbrühe (Seite 223)
1 TL	Stärke
	Gemüse
4	Gartenkarotten
4	Schalottenzwiebeln
60 g	grüne Bohnen
60 g	Lauch
60 g	Wirsing
2	Petersilienwurzeln
20 g	Butter
	Gewürze
	Salz
	Pfeffer aus der Mühle
	schwarzer Kümmel
1 TL	Senf

ZUBEREITUNG

▸ Die Haxen vom Spanferkel mit Salz, Pfeffer und schwarzem Kümmel würzen und in einer heißen Pfanne allseitig anbraten. Auf einem Gitterrost, im Rohr kross braten.

▸ In der heißen Pfanne das Röstgemüse braun anbraten, das Tomatenmark beigeben und mitrösten. Mit dem dunklen Bier ablöschen und mit der braunen Kalbsbrühe aufgießen. Langsam auf die Hälfte einreduzieren lassen, mit Salz abschmecken und mit der Stärke (aufgelöst in kaltem Wasser) leicht binden. Die Sauce durch ein feines Sieb seihen und warm halten.

▸ Die Haxen aus dem Ofen nehmen, dieses mit Senf bestreichen, mit wenig schwarzem Kümmel bestreuen und warm stellen.

Gemüse

▸ Das Gemüse waschen, falls notwendig schälen und nach Wunsch schneiden. Das einzelne Gemüse in kochendem Salzwasser bissfest kochen und sofort in kaltem Wasser abkühlen.

▸ Einen kleinen Teil des Gemüsewassers in einer Pfanne mit der Butter aufkochen, das abgekochte Gemüse beigeben, mit Salz und Pfeffer abschmecken und erhitzen.

Gartemperatur Fleisch: bei 170 Grad
Garzeit Fleisch: 40–50 Minuten

UNSERE TIPPS

* *Kaufen Sie die Haxen vom Spanferkel beim Metzger bereits ohne Deckel und ohne Schwarte.*
* *Falls Sie keinen schwarzen Kümmel haben, können Sie diesen durch einen normalen Kümmel ersetzen.*
* *Falls Sie die einzelnen Gemüsesorten nicht erhalten, dann verwenden Sie einfach andere Sorten. Ebenso können Sie einige Gemüsesorten auch weglassen. So sparen Sie einiges an Arbeit.*

Schweinshaxl

ANRICHTEN

▸ Das Haxl mit dem Gemüse anrichten, die dunkle Biersauce einlaufen lassen und mit einigen gezupften Kräutern garnieren.

Truthahnbrust mit buntem Gemüse
und wildem Spinat aus dem Wok

Für 4 Personen

400 g	Truthahnbrust
3 EL	Öl
20 g	Zwiebel, in Würfel geschnitten
50 g	Steinpilze
50 g	Pfifferlinge
60 g	wilder Spinat (Guter Heinrich)
60 g	Karotten, in Scheiben geschnitten
40 g	Lauch, in Streifen geschnitten
40 g	Peperoni, in Streifen geschnitten
20 g	Keimlinge

Sauce

125 ml	Weißwein
200 ml	Gemüsefond (Seite 223)
2 TL	Stärke

Gewürze

Salz
Pfeffer aus der Mühle
1 Knoblauchzehe

Garnitur

gedünsteter Langkornreis als Beilage (Seite 224)
gebackene Selleriestreifen

ZUBEREITUNG

▸ Die Truthahnbrust von Sehnen befreien und in Scheiben schneiden.

▸ Die Pilze waschen, trocknen und in Scheiben schneiden.

▸ Den wilden Spinat waschen und trocknen.

▸ Eine Wok-Pfanne erhitzen, etwas Öl sowie die Karotten-, Lauch- und Peperonistreifen, den wilden Spinat sowie die Keimlinge beigeben und 1–2 Minuten bei großer Hitze durchrühren bzw. durchschwenken. Das Gemüse aus der Pfanne nehmen und warm stellen.

▸ In die heiße Wok-Pfanne wiederum etwas Öl geben, die Zwiebelwürfel, den fein gehackten Knoblauch sowie die Pilze beigeben und wiederum bei großer Hitze 3–4 Minuten kurz durchrühren. Die Pilze ebenso aus der Pfanne nehmen.

▸ In die heiße Wok-Pfanne nochmals etwas Öl und die Truthahnscheiben geben und schnell bei großer Hitze durchrühren. Nun das Gemüse sowie die Pilze hinzufügen, mit Weißwein ablöschen und mit dem Gemüsefond aufgießen. 1–2 Minuten durchkochen lassen. Die Flüssigkeit mit der Stärke (in kaltem Wasser gelöst) leicht binden.

Garzeit: 2–5 Minuten, sehr kurz halten

UNSERE TIPPS

* *Wilden Spinat, auch „Guter Heinrich" genannt, finden Sie an vielen Wiesenrändern.*
* *Falls Sie keinen wilden Spinat haben, können Sie diesen mit Blattspinat oder Mangoldblättern ersetzen.*
* *Als Keimlinge eignen sich fast alle Sorten. Sojakeimlinge sind ganzjährig im Fachhandel erhältlich.*
* *Sie können auch ausschließlich auf ein oder zwei Gemüsesorten zurückgreifen.*
* *Falls Sie keine Wok-Pfanne haben, können Sie auch eine gute Antihaftpfanne verwenden.*

Truthahnbrust

ANRICHTEN

▶ Fleisch und Gemüse auf die Teller verteilen und mit gedünstetem Langkornreis anrichten. Mit einigen in heißem Öl bei 170 Grad gebackenen Selleriestreifen garnieren.

Erdäpfelkräutergröstel
mit gebratener Rindsfiletscheibe im Natursaftl

Für 4 Personen

Erdäpfelkräutergröstel
- 400 g Kartoffeln, festkochend
- 50 g Zwiebel, in Streifen geschnitten
- 1 Knoblauchzehe
- 1 EL Öl

Rindsfilet
- 600 g Rindsfilet
- 2 EL Öl

Natursaftl
- 80 g Röstgemüse (Karotten, Sellerie, Lauch und Zwiebel)
- 50 ml Rotwein
- 1 TL Weizenstärke

Gewürze
- Salz
- Pfeffer aus der Mühle
- Kräuter wie Rosmarin, Schnittlauch, Petersilie und Salbei

Garnitur
- Majoran-, Rosmarinspitzen sowie Schnittlauchblüten

UNSERE TIPPS

* *Wenn Sie die Kartoffeln am Vortag kochen und nach dem Ausdampfen im Kühlschrank über Nacht lagern, wird die Struktur der Kartoffeln schön fest und Sie erhalten schön kross gebratene Kartoffeln mit wenig Fett.*
* *Falls Ihr Gerät eine Kerntemperaturmessung besitzt oder Sie einen manuellen Kerntemperaturmesser haben, dann beträgt die ideale Kerntemperatur für ein rosa gebratenes Fleisch 52–54 Grad. Auf den Punkt gebraten weist es 58 Grad auf. Hier ist die rosa Farbe jedoch nicht mehr vorhanden.*
* *Festkochende Kartoffelsorten sind: Spunta, Sieglinde, Draga, Kipfler und Desirée.*
* *Bei den Kräutern müssen Sie nicht auf die ganze angegebene Vielfalt zurückgreifen, Sie können sich auch mit ein oder zwei der angeführten Kräuter begnügen.*

ZUBEREITUNG

▸ Die Kartoffeln 25–35 Minuten kochen. Abschütten, ausdämpfen und im Kühlschrank auskühlen lassen. Die Kartoffeln schälen, in Scheiben schneiden und kühl stellen.

▸ Das Rindsfilet von den Sehnen befreien und mit Salz, Pfeffer aus der Mühle und den gehackten Kräutern würzen.

▸ In einem heißen Topf die Sehnen vom Filet schön braun anbraten, das in kleine Würfel geschnittene Röstgemüse beigeben und weiterrösten. Mit Rotwein ablöschen und mit 400 ml Wasser aufgießen. Aufkochen lassen und bei kleiner Flamme auf die Hälfte einreduzieren.

▸ Eine Pfanne erhitzen, das Rindsfilet rundum anbraten, damit sich die Poren schließen. Nun das Filet auf einem Gitterrost im vorgeheizten Rohr bei 180 Grad 15–25 Minuten rosa braten. Aus dem Ofen nehmen und warm stellen.

▸ Eine weitere Pfanne erhitzen, Öl, Zwiebel und Kartoffeln beigeben, salzen und goldgelb rösten. Mit den fein geschnittenen Kräutern sowie dem Knoblauch geschmacklich abrunden.

▸ Das Natursaftl mit Salz, Pfeffer und frischen Kräutern würzen und mit der Stärke (im kalten Wasser gelöst) abbinden. Durch ein feines Sieb seihen und warm stellen.

Gartemperatur Fleisch: 180 Grad
Garzeit: 15–25 Minuten, je nach Dicke des Filets

Rindsfilet

ANRICHTEN

▸ Das Rindsfilet in Scheiben schneiden und zusammen mit dem Erdäpfelkräutergröstel anrichten. Das Natursaftl einlaufen lassen und mit einigen gezupften Kräutern garnieren.

Entrecote vom Hirsch
mit Waldpilzen und Wiesenkräutern überbacken

Für 4 Personen

4	Hirsch-Entrecotes (zu 130 g)
2 EL	Öl
	Kruste
80 g	Steinpilze
80 g	Pfifferlinge
30 g	Zwiebel, in Würfel geschnitten
1	Knoblauchzehe
1 EL	Karotten, in Würfel geschnitten
1 EL	Kräuter, fein geschnitten (Rosmarin, Löwenzahnblüten, wilder Thymian und Majoran)
20 g	Weißbrot, in Würfel geschnitten
10 g	Parmesan
	Gemüse
100 g	Mangoldblätter
	Gewürze
	Salz
	Pfeffer aus der Mühle
	Garnitur
	Thymianspitzen, Majoran und Kleeblüten
100 ml	Rotweinsauce

ZUBEREITUNG

▸ Die Pilze putzen, waschen und trocknen. Anschließend in Scheiben schneiden.

▸ Eine Pfanne erhitzen, Öl, Zwiebel und Knoblauch beigeben und bei kräftiger Hitze goldgelb rösten. Die Karottenwürfel und Pilze beigeben, mit Salz und Pfeffer würzen und 3–4 Minuten rösten. Die Pilze vom Feuer nehmen, auskühlen lassen.

▸ Die Brotwürfel in einer Pfanne ohne Fett abrösten, mit den fein geschnittenen Kräutern zu den Pilzen geben und locker einarbeiten.

▸ Die Entrecotes mit Salz und Pfeffer aus der Mühle würzen und am Grill oder in einer heißen Pfanne beidseitig bei kräftiger Hitze anbraten. Jetzt die Entrecotes mit der Kruste belegen. Im heißen Rohr bei kräftiger Oberhitze überbacken.

▸ Für den Mangold eine Pfanne erhitzen, Öl und die Mangoldblätter beigeben, mit Salz und Pfeffer würzen und 2–3 Minuten durchrösten, bis die Blätter durch die Hitze in sich zusammenfallen.

Gartemperatur Ofen: 200 Grad
Garzeit: 5–7 Minuten

UNSERE TIPPS

* *Servieren Sie dazu Kartoffelkroketten oder Bratkartoffeln sowie ein buntes Gemüse der Jahreszeit.*

* *Falls Sie beim Metzger kein Hirsch-Entrecote erhalten, können Sie auf ein Steak aus der kleinen Nuss, auf ein Filetsteak oder auf eine Scheibe vom Kaiserteil des Hirsches ausweichen. Ebenso können Sie bei diesem Rezept zum Beispiel auch auf das Rehfleisch ausweichen.*

* *Den Mangold können Sie auch mit Blattspinat austauschen. Die angeführte Kochtechnik basiert auf der Basis des Wok-Kochens. Hierbei bleiben bei kurzen Garzeiten alle wichtigen Vitamine, Mineralstoffe und Spurenelemente erhalten.*

* *Sollten Sie der Jahreszeit wegen keine Wiesenkräuter vorfinden, können Sie auf frische Kräuter oder auf getrocknete Kräuterblüten aus dem Fachhandel zurückgreifen.*

ANRICHTEN

- Die Entrecotes aus dem Ofen nehmen und mit den Mangoldblättern anrichten.
- Mit gezupften Kräutern sowie etwas Rotweinsauce servieren.

Hirsch

HAUPTGERICHTE

Hühnerbrüstchen im Speckmantel
auf Grillgemüse mit „Salsa cruda"

Für 4 Personen

500 g	Hühnerbrüstchen
120 g	Speck, in Scheiben geschnitten
20 g	Butter

Grillgemüse

2	Tomaten
2	Schalottenzwiebeln
8	Zucchinischeiben
4	Peperonispalten
2 EL	Öl

Salsa cruda

120 g	Tomaten
20 g	Zwiebel
1 EL	Rotweinessig
3 EL	Olivenöl

Gewürze

Salz
Pfeffer aus der Mühle
Basilikum
½ Knoblauchzehe, gehackt

Garnitur

frisches Basilikum

ZUBEREITUNG

- Die Hühnerbrüstchen mit Salz und Pfeffer würzen. In die hauchdünnen Speckscheiben einrollen und eine halbe Stunde gut kühlen.

- Eine Antihaftpfanne erhitzen, die Butter beigeben und die Hühnerbrüstchen im Speckmantel bei sanfter Hitze anbraten. Achten Sie dabei, dass sich der Speck vom Hühnerbrüstchen nicht löst. Die Hühnerbrüstchen nun im vorgeheizten Rohr braten.

- Die Schalottenzwiebeln schälen, halbieren und in kochendem Salzwasser 2–3 Minuten kochen lassen. Aus dem Wasser nehmen und ausdampfen lassen. Die Tomaten in Scheiben schneiden. Nun das Gemüse mit Salz, Pfeffer, Basilikum und Knoblauch sowie Öl marinieren.

- Nun alle Gemüsesorten mit Salz, Pfeffer, den fein gehackten Kräutern und dem Öl marinieren. Auf dem Grill oder in einer heißen Pfanne beidseitig braten.

- Für die „Salsa cruda" die Zwiebel fein schneiden und mit Olivenöl in einer heißen Pfanne farblos rösten. Tomaten waschen, vierteln und mit der Zwiebel im Mixer aufmixen. Mit Salz, Pfeffer, etwas gehacktem Basilikum sowie Rotweinessig und Olivenöl gut abschmecken.

Gartemperatur Fleisch: 160 Grad
Garzeit Fleisch: 10–14 Minuten

UNSERE TIPPS

* *Das ist ein vorzügliches Gericht für die heiße Jahreszeit.*

* *Bei der Auswahl der Gemüse haben Sie viele abwechslungsreiche Möglichkeiten und können sich ganz nach dem Angebot der Jahreszeit richten.*

* *„Salsa cruda" könnte auch als rohe Tomatensauce übersetzt werden. Damit wird aber die Attraktivität in der Bezeichnung nach unserem Ermessen bei diesem Gericht ganz entscheidend eingeschränkt. Diese Sauce schmeckt vor allem an warmen Sommertagen vorzüglich. Zusätzlich wirkt sie sehr erfrischend.*

* *Ein sehr leichtes, farbenfrohes und schmackhaftes Gericht.*

Hühnerbrüstchen

ANRICHTEN

▸ Das Grillgemüse anrichten, die Hühnerbrüstchen in Scheiben schneiden und mit der „Salsa cruda" und einigen Basilikumblättern servieren.

Kaninchen mit Rosmarin gebraten
mit buntem Gemüse und Schnittlauchknödel

Für 4 Personen

4	Kaninchenfilets
1 TL	Kräuter, gehackt (Rosmarin, Salbei, Knoblauch)

Sauce

80 g	Röstgemüse (Zwiebel, Karotten, Sellerie, Lauch)
125 ml	Weißwein
1 TL	Stärke

Knödel

20 g	Zwiebel
20 g	Butter
150 g	Weißbrot (schnittfest), in feine Streifen geschnitten, oder Knödelbrot
2	Eier
80 ml	Milch
1 EL	Mehl
2 EL	Schnittlauch

Gemüse

100 g	Karotten
80 g	grüne Bohnen
2	Schalotten
80 g	Wirsing
80 g	Zucchini
10 g	Butter

Gewürze

Salz
Pfeffer aus der Mühle

Garnitur

Rosmarin

UNSERE TIPPS

* *Lassen Sie sich die Filets bereits vom Metzger sauber auslösen.*
* *Den Knödel können Sie auch als Steinpilz- oder Pfifferlingknödel servieren.*
* *Beim Gemüse haben Sie selbstverständlich viele abwechslungsreiche Möglichkeiten. Sie können auch ausschließlich zwei oder drei Sorten verwenden. Damit sparen Sie sich viel Arbeit.*
* *Es ist ein sehr ansprechendes, farbenfrohes Gericht, das sich auch vorzüglich vorbereiten lässt.*

ZUBEREITUNG

▸ Für die Knödel die Zwiebel schälen, fein schneiden und in der Butter dünsten. Die Eier mit der Milch verrühren und zusammen mit der Zwiebel zum Knödelbrot geben. Mit Salz und Pfeffer würzen und locker vermengen. Das Mehl und den Schnittlauch beigeben und zu einem Teig kneten. Acht kleine Knödel formen und diese bei Bedarf in reichlich kochendem Salzwasser 12–15 Minuten kochen.

▸ Für die Sauce von den Kaninchenfilets die Sehnen lösen. Einen Topf erhitzen, die Sehnen mit wenig Öl anbraten, das Röstgemüse beigeben und ebenso gut rösten. Mit Weißwein ablöschen und mit 300 ml Wasser aufgießen. Aufkochen und weiter bei sanfter Hitze auf die Hälfte einreduzieren lassen. Mit Salz, Pfeffer und gehackten Kräutern würzen. Nun mit der Stärke (in kaltem Wasser gelöst) leicht binden und durch ein Sieb seihen.

▸ Das Gemüse waschen, rüsten und nach Bedarf schälen. Passend zuschneiden und in kochendem Salzwasser bissfest kochen. Anschließend sofort in kaltem Wasser abkühlen. Bei Bedarf in einer Pfanne die Butter zerlassen, das Gemüse beigeben, mit Salz und Pfeffer würzen und erhitzen.

▸ Die Kaninchenfilets in etwa 3 cm lange Stücke schneiden und mit Salz, Pfeffer sowie den Kräutern würzen. Eine Pfanne erhitzen, Öl beigeben und die Kaninchenfiletswürfel bei leichter Hitze mit einigen Rosmarinnadeln anbraten. Anschließend im vorgeheizten Rohr braten.

Gartemperatur Kaninchen: 160 Grad
Garzeit Kaninchen: 6–10 Minuten

ANRICHTEN

▸ Das bunte Gemüse, die Kaninchenfiletwürfel und die Knödel anrichten. Die Sauce einlaufen lassen und mit Rosmarin garnieren.

Kaninchen

Piccata vom Weizenfleisch
mit Petersilienbröseln gebacken und Wildsalaten

Für 4 Personen

400 g	Weizenfleisch (Seitan)
10 g	Olivenöl

Panade
50 g	Mehl
1	Ei
100 g	Brotbrösel
1 EL	Petersilie, gehackt

Wildsalate
40 g	Sauerampfer
20 g	Frauenmantelblätter
4	junge Huflattichblätter
12	Blätter von der Schafgarbe
20 g	Bachkresse
30 g	Löwenzahnblätter
30 g	Lollo rosso
30 g	gekrauste Endivie
½	Tomate, in Würfel geschnitten

Marinade
3 EL	Bergblumenheuöl (Seite 214)
2 EL	Essig aus Himmelschlüsselblumen (Seite 214)

Gewürze
Salz
Pfeffer aus der Mühle

Garnitur
einige Gemüse- oder Kräuterblüten (Klee- und Rucolablüten)

ZUBEREITUNG

▸ Das Weizenfleisch (Seitan) in 8 Schnitzelchen (Piccata) schneiden.

▸ Die Piccata vom Weizenfleisch mit Salz, Pfeffer aus der Mühle und Olivenöl marinieren.

▸ Für die Panade das Ei verquirlen. Die Brösel mit der gehackten Petersilie vermischen. Die Weizenfleischschnitzel mit Mehl, verquirltem Ei und Bröseln panieren.

▸ Die Salate waschen, trocknen, mundgerecht zupfen und anrichten. Mit Tomatenwürfeln garnieren.

▸ Für die Marinade Himmelschlüsselessig, Salz und Pfeffer verrühren und das Bergblumenheuöl einrühren.

Gartemperatur Öl: 170 Grad
Garzeit: 3–4 Minuten

UNSERE TIPPS

* *Weizenfleisch ist auch bekannt als Seitan. Es handelt sich um ein Produkt, das aus dem Gluteneiweiß des Weizenkorns hergestellt wird. Grundsätzlich ist es eine willkommene Alternative zu Fleisch. Sie erhalten dieses Produkt im Reformhaus sowie im Fachhandel.*

* *Besonders ideal ist dieses Produkt für Sportler, da Weizenfleisch keine tierischen Fette und kein Cholesterin enthält. 100 g enthalten: 453 kJ, 19,6 g Eiweiß, 2,3 g Fett, 1 g Kohlenhydrate. Es ist leicht verdaulich und naturbelassen.*

* *Die Salate zeigen Ihnen, dass uns die Naturlandschaft in Südtirol eine ganze Vielfalt von ausgesuchten wilden Pflanzen und Kräutern anbietet, die sich vorzüglich auch als Salate in das Speisenangebot einbeziehen lassen. Die Kräuter aus freier Natur sind nicht nur wunderschön, sondern sie enthalten viele wichtige Vitamine und Mineralstoffe. Als Alternative müssen Sie in der kalten Jahreszeit auf Blattsalate zurückgreifen.*

* *Wenn Sie diese in freier Natur sammeln, sollten Sie ausschließlich Pflanzen einsetzen, die Ihnen bekannt sind.*

Weizenfleisch

ANRICHTEN

- Die Weizenfleisch-Piccata in heißem Fett beidseitig backen.
- Die gebackene Piccata in den Salaten anrichten, die Marinade einlaufen lassen und servieren.

Steak von der Kalbslende
mit Bergkräuterblüten überbacken auf Urgemüse

Für 4 Personen

600 g	Kalbsfilet
1 EL	Öl

Sauce
80 g	Röstgemüse (Zwiebel, Karotten, Sellerie, Lauch)
1 TL	Tomatenmark
125 ml	Weißwein
1 TL	Weizenstärke

Urgemüse
150 g	Pastinaken
100 g	Topinambure
100 g	Kürbis
80 g	Karotten
50 g	Saubohnen
100 g	Kipflerkartoffeln
4	Trüffelkartoffeln
20 g	Butter

Kräuterkruste
20 g	Butter
60 g	Toastbrot, fein gerieben
3 EL	Bergkräuterblüten (Klee-, Löwenzahn-, Schnittlauch- und Thymianblüten)
1 TL	Senf

Gewürze
Salz
Pfeffer aus der Mühle
Kräuter (Rosmarin, Salbei, Basilikum)

Garnitur
einige getrocknete Kräuterblüten

ZUBEREITUNG

▸ Das Kalbsfilet von den Sehnen befreien. Diese in einem heißen Topf mit Öl gut anrösten. Das Röstgemüse in kleine Würfel schneiden, beigeben und ebenso gut rösten. Das Tomatenmark hinzugeben und abrösten. Mit Weißwein ablöschen und mit 300 ml Wasser aufgießen. Aufkochen und bei kleiner Flamme auf die Hälfte einreduzieren lassen. Den Bratensaft abschmecken, mit Stärke (in kaltem Wasser gelöst) leicht binden und durch ein feines Sieb seihen.

▸ Das Kalbsfilet in vier Steaks schneiden, diese leicht klopfen und mit Salz und Pfeffer würzen. Eine Pfanne erhitzen, Öl beigeben und die Steaks beidseitig gut anbraten. Aus der Pfanne nehmen und auf ein Blech legen.

▸ Das Gemüse waschen, schälen und je nach Wunsch schneiden. In kochendem Salzwasser bissfest kochen und sofort in kaltem Wasser abkühlen.

▸ Für die Kruste die Butter zerlassen, das geriebene Toastbrot und die Bergkräuterblüten hinzufügen, mit Salz und Pfeffer würzen und locker durchmischen. Die Steaks mit Senf leicht bestreichen und mit der Kruste bestreuen. Im vorgeheizten Rohr bei starker Oberhitze die Steaks überbacken.

▸ In einer Pfanne etwas Gemüsewasser mit der Butter aufkochen, das bunte Urgemüse beigeben, mit Salz und Pfeffer würzen und erhitzen.

Gartemperatur: 180 Grad Oberhitze, 160 Grad Unterhitze
Garzeit: 6–10 Minuten

UNSERE TIPPS

* *Es eignen sich hierfür fast alle essbaren Blüten. Sie können sie selbst sammeln und trocknen oder über den Fachhandel in getrockneter Form kaufen.*

* *Urgemüse ist eine wahre Rarität und ist daher im Handel schwer zu bekommen. Trotzdem gibt es immer mehr Bauern im alpinen Bereich, die sich mit großer Liebe um den Neuanbau dieser vorzüglichen Produkte kümmern.*

* *In Südtirol werden heute folgende Urgemüse von Bauern angebaut: Pastinaken, Topinambure, Saubohnen, Kipfler- und blaue Trüffelkartoffeln, Crosne (auch japanischer Knollenziest genannt), rote, gelbe und weiße Rohnen. Ein Zentrum des Anbaus ist die Pustertaler Saatbaugenossenschaft in Bruneck.*

Kalbslende

ANRICHTEN

▸ Das Gemüse sowie die Steaks anrichten, den Bratensaft einlaufen lassen und mit einigen Blüten ausgarnieren.

Kalbswange in der Salbeikruste
mit Püree von Topinambur in würziger Biersauce

Für 4 Personen

4	Kalbswangen (800 g)
2 EL	Öl

Sauce
100 g	Röstgemüse (Zwiebel, Karotten, Sellerie, Lauch)
1 TL	Tomatenmark
150 ml	Bier
800 ml	braune Kalbsbrühe (Seite 223)
1	Rosmarinzweig
2 TL	Stärke

Topinamburpüree
400 g	Topinambure
200 g	Kartoffeln, mehlig
70 ml	Sahne
20 g	Butter

Gemüse
100 g	Karotten
100 g	Zucchini

Gewürze
Salz
Pfeffer aus der Mühle

Garnitur
gebackene Salbeiblätter
einige Kräuterblüten

ZUBEREITUNG

▸ Die Kalbswangen mit Salz und Pfeffer würzen. Eine Pfanne erhitzen, Öl beigeben und die Kalbswangen kräftig anbraten. Das in Würfel geschnittene Röstgemüse beigeben und mitrösten. Das Tomatenmark hinzufügen, gut abrösten und mit dem Bier ablöschen. Reduzieren lassen, mit der braunen Kalbsbrühe aufgießen, Rosmarin beigeben und im Rohr bei 170 Grad zugedeckt 1½–2 Stunden garen. Zwischendurch das Fleisch mit der Sauce übergießen.

▸ Für das Püree die Topinambure und die Kartoffeln schälen, in Würfel schneiden und in Salzwasser 25–30 Minuten weich kochen. Kartoffeln und Topinambure abschütten, ausdampfen lassen und durch eine Kartoffelpresse drücken. Die Sahne und die Butter beigeben, mit Salz würzen und mit einem Schneebesen glatt rühren.

▸ Das Gemüse in Streifen schneiden, in kochendem Salzwasser 3–5 Minuten kochen. In kaltem Wasser umgehend abkühlen.

▸ Die Wangen aus der Sauce nehmen, diese mit der Stärke (in Wasser aufgelöst) binden und anschließend durch ein feines Sieb seihen.

Gartemperatur Ofen: 170 Grad
Garzeit Fleisch: 1½–2 Stunden

UNSERE TIPPS

* *Achten Sie darauf, dass die Wangen nach dem Garvorgang schön zart und weich sind. Wenn nicht, verlängern Sie die Garzeit.*
* *Die Kalbswangen können Sie auch durch ein Schulternahtl, ein Schulterstück oder eine ausgelöste Haxe austauschen bzw. ersetzen.*
* *Sollten Sie keinen braunen Kalbsfond haben, können Sie auch Wasser als Aufgussmittel verwenden.*
* *Topinambure erhalten Sie ganzjährig im guten Fachhandel. Falls nicht, verwenden Sie ausschließlich Kartoffeln.*

Kalbswange

ANRICHTEN

- In einer Pfanne das Gemüse mit Salz und Pfeffer würzen, mit etwas Butter verfeinern und erhitzen.
- Das Püree mit den Kalbswangen und dem Gemüse anrichten, die Sauce einlaufen lassen und mit gebackenen Salbeiblättern und frischen Kräutern garnieren.

HAUPTGERICHTE

Zweierlei vom Zicklein
auf Kartoffel-Gemüsesalat

Für 4 Personen

600 g	Zicklein (Kitz), ausgelöst
	Öl zum Backen

Panade
1 EL	Mehl
1	Ei
100 g	Brösel

Salat
300 g	Kartoffeln, festkochend
100 g	alpines Gemüse (Karotten, Sellerie, Lauch)

Marinade
2 EL	Essig
3 EL	Öl

Gewürze
	Salz
	Pfeffer aus der Mühle
1 TL	Kräuter, gehackt (Rosmarin, Salbei, Thymian)

Garnitur
einige Kräuterblüten (Kerbel, Klee)

ZUBEREITUNG

▸ Die Kartoffeln waschen und in kochendem Salzwasser 25–35 Minuten weich kochen. Abschütten, ausdampfen und im Kühlschrank auskühlen lassen. Die Kartoffeln schälen und in Scheiben schneiden.

▸ Für die Marinade Essig mit Salz und Pfeffer würzen und das Öl einrühren. Damit die Kartoffeln marinieren.

▸ Für das Gemüse die Karotten schälen, mit dem Lauch in feine Scheiben schneiden und 3–4 Minuten in kochendem Salzwasser kochen. Die Sellerieknolle in Streifen schneiden und in heißem Öl bei 170 Grad knusprig backen.

Gebratenes Zicklein
▸ Die Hälfte vom Zickleinfleisch mit Salz, Pfeffer und den Kräutern würzen. Eine Pfanne erhitzen, Öl und das Fleisch beigeben und allseitig leicht anbraten. Das Rohr auf 160 Grad vorheizen, das Fleisch einschieben und etwa 50 Minuten langsam braten. Das Fleisch aus dem Ofen nehmen und warm stellen.

Gebackenes Zicklein
▸ Den zweiten Teil vom Zickleinfleisch klopfen und mit Salz und Pfeffer sowie den Kräutern würzen. Das Ei verquirlen und die Fleischstücke mit Mehl, Ei und Bröseln panieren. Bei Bedarf in heißem Öl bei 170 Grad goldgelb backen.

Gartemperatur Zicklein gebraten: 160 Grad
Garzeit Zicklein gebraten: 50–60 Minuten

UNSERE TIPPS

* *Das Zicklein (Kitz) erhalten Sie beim Metzger, vor allem in der Zeit um Ostern.*
* *Sie können das Zicklein aber auch mit Lamm ersetzen, wobei Sie dann die Bezeichnung des Gerichts ändern müssen. Dadurch bietet sich Ihnen eine hervorragende kulinarische Abwechslung.*
* *Es ist ein sehr einfaches und schmackhaftes Gericht, das sich unkompliziert zubereiten lässt.*
* *Wir empfehlen folgende festkochende Kartoffelsorten: Spunta, Sieglinde, Draga, Kipfler und Desirée.*

Zicklein

ANRICHTEN

- Den Kartoffelsalat mit Karotten, Lauch und Selleriestreifen anrichten.
- Das gebackene und gebratene Zicklein einlegen und mit frischen Kräutern garnieren.

Gebratenes Rehhaxl
mit Chips von der Zirmnuss und buntem Gemüse

Für 4 Personen

4	Rehhaxln
200 g	Röstgemüse (Zwiebel, Karotten, Sellerie und Lauch)
3 EL	Öl zum Anbraten
1 EL	Tomatenmark
100 ml	kräftiger Rotwein
1 l	braune Kalbsbrühe (Seite 223)
2 TL	Stärke

Gemüse
4	Gartenkarotten
80 g	Blumenkohlröschen
80 g	Broccoliröschen
100 g	Fenchel
4	Kirschtomaten
2 EL	Olivenöl

Gewürze
Salz
Pfeffer aus der Mühle
Kräuter (Rosmarin, Knoblauch, Lorbeer, Wacholder)

Garnitur
1 Zirmnuss, eingelegt (Seite 215)

ZUBEREITUNG

▸ Die Rehhaxln mit Salz und Pfeffer würzen und in einer Pfanne mit heißem Öl anbraten. Das Röstgemüse in Würfel schneiden, beigeben und mitrösten. Das Tomatenmark hinzufügen und ebenso mitrösten. Mit dem Rotwein ablöschen und alles zusammen in einen Topf geben.

▸ Mit der braunen Kalbsbrühe aufgießen und mit einem Deckel abdecken. In das vorgeheizte Rohr (180 Grad) schieben und 2 Stunden garen lassen.

▸ Das Gemüse waschen und falls notwendig schälen. In passende Stücke schneiden und in Salzwasser 5–7 Minuten kochen. In kaltem Wasser schnell abkühlen.

▸ Die Rehhaxln aus der Sauce nehmen. Die Sauce mit Salz, Pfeffer und den Kräutern verfeinern. Kurz aufkochen und mit der Stärke (in kaltem Wasser gelöst) leicht binden.

▸ In einer Pfanne das bunte Gemüse mit dem Olivenöl erhitzen und mit Salz und Pfeffer würzen.

Gartemperatur Rehhaxl: 180 Grad
Garzeit Rehhaxl: 1½–2 Stunden

UNSERE TIPPS

* *Die Rehhaxln erhalten Sie bei Ihrem Metzger. Sollte er keine vorrätig haben, können Sie auf die Rehschulter ausweichen. Wobei Sie diese nicht in Portionen garen, sondern im ganzen Stück und anschließend portionieren.*

* *Für dieses Gericht eignen sich auch die Haxln vom Kitz und Lamm.*

* *Die Zirmnuss, oft auch Zirbelkiefer genannt, müssen Sie bereits in eingelegter Form vorrätig haben. Die rohe Zirmnuss eignet sich nicht zum Essen, da sie viel zu harzig schmeckt und absolut holzig ist. Falls Sie keine vorrätig haben, verzichten Sie einfach darauf.*

Rehhaxl

ANRICHTEN

- Die eingelegte Zirmnuss in hauchdünne Scheiben schneiden (am besten mit der Aufschnittmaschine).
- Die Rehhaxln mit dem bunten Gemüse anrichten und mit der Sauce überziehen. Die Chips von der Zirmnuss gefällig einlegen.

Gebratenes Perlhuhnbrüstchen
mit Erdäpfelkrusteln auf Gemüsegröstel

Für 4 Personen

4	Perlhuhnbrüstchen
2 EL	Öl
2	Kartoffeln, mehlig

Sauce

80 g	Röstgemüse (Zwiebel, Karotten, Sellerie, Lauch)
80 ml	Weißwein
½ TL	Tomatenmark
1 TL	Stärke

Gemüse

20 g	Karotten
20 g	Zucchini
20 g	Kohlrabi
2 EL	Olivenöl

Gewürze

	Salz
	Pfeffer aus der Mühle
	Rosmarin, Thymian
1 TL	Senf

Garnitur

Rosmarin, Thymian

ZUBEREITUNG

▸ Die Kartoffeln schälen, fein raspeln und in heißem Öl bei 170 Grad backen.

▸ Das Perlhuhnbrüstchen sauber zuputzen und hierbei von Sehnen und Hautteilen befreien. Diese Abschnitte in einem Topf mit Öl schön braun anbraten. Das Wurzelgemüse in Würfel schneiden, beigeben und ebenso braun anbraten. Nun das Tomatenmark hinzufügen und gut einarbeiten. Mit dem Weißwein ablöschen und mit 400 ml Wasser aufgießen. Aufkochen lassen und anschließend langsam auf die Hälfte reduzieren.

▸ Das Gemüse waschen, falls notwendig schälen und in dünne Scheiben schneiden.

▸ Die Perlhuhnbrüstchen mit Salz und Pfeffer würzen und in einer Pfanne mit Öl allseitig anbraten. Bei 160 Grad 8–12 Minuten in das vorgeheizte Rohr schieben und braten.

▸ Die Sauce mit Salz, Pfeffer, Rosmarin und Thymian verfeinern, aufkochen und mit der Stärke (in kaltem Wasser gelöst) leicht binden.

▸ Die Perlhuhnbrüstchen aus dem Ofen nehmen, mit dem Senf bestreichen, in den Erdäpfelkrusteln wälzen und warm stellen.

Gartemperatur Perlhuhnbrüstchen: 160 Grad
Garzeit Perlhuhnbrüstchen: 8–12 Minuten

UNSERE TIPPS

* *Das Perlhuhn erhalten Sie im Fachhandel. Falls Sie es im Ganzen kaufen, können Sie die Keulen in einem späteren Moment wie Hühnerschenkel braten. Auch sie schmecken vorzüglich.*

* *Das Perlhuhnbrüstchen können Sie auch durch ein Geflügelbrüstchen ersetzen. Es ändert sich dann die Bezeichnung des Gerichtes.*

* *Bei der Auswahl der Gemüse genießen Sie alle Freiheiten. Wählen Sie nach dem Angebot der Jahreszeit.*

* *Achten Sie darauf, dass das Perlhuhnbrüstchen nicht übergart wird. Denn dann ist dieses Fleisch sehr trocken und verliert schnell an Qualität.*

* *Mehlige Kartoffelsorten sind: Majestic, Ackersegen, Kennebec.*

Perlhuhnbrüstchen

ANRICHTEN

- Für das Gemüse eine Pfanne erhitzen, Olivenöl sowie das Gemüse (zuerst das harte und dann das weiche Gemüse) in kurzen Zeitabständen beigeben und bei kräftiger Hitze und unter andauerndem Rühren rösten. Nach 4–6 Minuten mit Salz und Pfeffer abschmecken.
- Gemüse anrichten, die Perlhuhnbrüstchen schneiden und passend einlegen.
- Die Sauce einlaufen lassen und mit Rosmarin und Thymian verfeinern.

Süße verführerische Köstlichkeiten,
die Wellness und Wellfit in Vollendung
erlebbar machen. Raffinierte Genüsse
aus Produkten und Aromen der Südtiroler
Bergwelt, erfrischend und in vitaler Form
präsentiert. Sie vermitteln Lebenslust,
Lebensfreude und Wohlbefinden.

Süße Verführungen
aus der Bergwelt

Scheiterhaufen von der Zwetschge
auf Zitronenmelissenschaum

Für 4 Personen

220 g	Zwetschgen
100 g	süßer Zopf oder Knödelbrot, schnittfest
40 g	Haselnüsse, grob gerieben
125 g	Zucker

Eiguss
100 ml	Sahne
60 ml	Milch
2	Eier

Gewürze
1 Msp.	Zimtpulver
1 Msp.	Zitronenschale, gerieben

Weitere Zutaten
	Butter zum Ausstreichen
4	Backformen

Garnitur
60 g	Beeren
150 ml	Zitronenmelissenschaum (Seite 225: Vanilleschaumsauce)
	Zitronenmelisse

ZUBEREITUNG

- Backformen mit weicher Butter ausstreichen und mit Zucker ausstreuen.

- Zwetschgen waschen, entsteinen und in kleine Spalten schneiden.

- Den süßen Zopf oder das Knödelbrot in Würfel schneiden und locker mit den geschnittenen Zwetschgen, den geriebenen Haselnüssen und dem Zucker durchmischen.

- Mit Zimt und geriebener Zitronenschale geschmacklich abstimmen.

- Die Masse in die ausgestreuten Backformen abfüllen.

- Die Sahne, die Milch und die Eier mit einem Schneebesen durchrühren. Nun den Eiguss zu gleichen Teilen in die Backformen abfüllen.

- Einen Topf mit Backpapier auslegen, 1–2 cm hoch heißes Wasser einfüllen, die Backformen hineinstellen und im Ofen bei 180 Grad 18–20 Minuten backen.

Gartemperatur Ofen: 180 Grad
Garzeit: 15–20 Minuten, je nach Größe der Backformen

UNSERE TIPPS

* *Den Scheiterhaufen können Sie auch in einer Kuchenform backen.*

* *Die Zwetschgen können Sie nach Belieben auch mit anderen Früchten wie Äpfel, Birnen oder Quitten austauschen.*

* *Die Zitronenmelisse passt hier vorzüglich. Sollten Sie keine im Handel erhalten, können Sie diese auch mit Zitronensaft sowie geriebener Zitronenschale ersetzen.*

* *Ebenso können Sie die Zitronenmelisse mit Minze ersetzen.*

Zwetschgen

ANRICHTEN

▸ Den Zitronenmelissenschaum im jeweiligen Teller verteilen. Die Scheiterhaufen anrichten und mit Zwetschgen, Zitronenmelisse und einigen Beeren ausgarnieren.

DESSERTS

Gebackenes Aromatörtchen
mit Himbeeren und Fichtenhonig

Für 4 Personen

80 g	Mehl
50 g	Haselnüsse, gerieben
1 Msp.	Backpulver
½ TL	Zimtpulver
1 Msp.	Lebkuchengewürz
80 g	Butter
1	Ei
50 g	Zucker
1 Msp.	Zitronengelb, gerieben
30 ml	Sahne
20 g	Apfel, in Würfel geschnitten
1 TL	Rum

Weitere Zutaten
Butter zum Ausstreichen der Formen
Mehl zum Bestreuen

Garnitur
120 g	Himbeeren
4 TL	Fichtenhonig (Seite 216)

ZUBEREITUNG

- Das Mehl mit den Haselnüssen gut durchmischen und dabei Backpulver, Zimt und Lebkuchengewürz beigeben.

- Die weiche Butter in einer Schüssel mit dem Eigelb, Rum, der Hälfte des Zuckers sowie dem Zitronengelb schaumig rühren.

- Die Mehlmischung abwechselnd mit der flüssigen Sahne in die Buttermischung einrühren und am Ende die Apfelwürfel in die Masse einheben.

- Das Eiweiß leicht anschlagen und nun den restlichen Zucker während kräftigem Schlagen langsam einlaufen lassen. Das Eiweiß hierbei zu einem kräftigen Schnee schlagen. Nun diesen in die vorher angeführte Masse einheben.

- Die Backformen mit weicher Butter ausstreichen und mit Mehl bestreuen. Nun die Masse mit einem Spritzsack oder Löffel in die Formen dreiviertelvoll einfüllen und im vorgeheizten Ofen bei 170 Grad 15–18 Minuten backen.

Gartemperatur: 170 Grad
Garzeit: 15–18 Minuten, je nach Größe der Backformen

UNSERE TIPPS

* *Sie können die gesamte Masse auch in einer Kuchenform backen und anschließend in Stücke schneiden. Richtzeit zum Backen: 40 Minuten.*
* *Die Himbeeren können Sie auch durch Brombeeren, Heidelbeeren oder andere Früchte der Jahreszeit austauschen.*
* *Den Fichtenhonig können Sie durch Bienenhonig austauschen.*
* *Bei einem Umluftofen können Sie die Gartemperatur um 10 Grad absenken, damit die Törtchen nicht zu braun werden.*

ANRICHTEN

▸ Die Aromatörtchen aus den Formen stürzen und mit den Himbeeren und dem Fichtenhonig anrichten.

Törtchen

DESSERTS

Waldbeeren mit Joghurteis
und karamellisierter Haselnuss-Blätterteigstange

Für 4 Personen

Haselnuss-Blätterteigstange
- 150 g Blätterteig (Seite 225)
- 1 Ei
- 80 g Haselnüsse, grob gerieben
- 30 g Staubzucker

Joghurteis
- 300 ml Milch
- 50 g Zucker
- 1 Eiweiß
- 250 g Naturjoghurt
- 1 TL Zitronensaft

Beeren
- 200 g Himbeeren
- 150 g Erdbeeren
- 50 g Schwarzbeeren
- 50 g rote Johannisbeeren
- ½ Zitrone, Saft
- 1 TL Staubzucker

ZUBEREITUNG

Haselnuss-Blätterteigstange

- Den Blätterteig der Länge nach 4–5 mm dick ausrollen.
- Das Ei verquirlen und mit einem Pinsel auf dem Blätterteig auftragen. Die geriebenen Haselnüsse gleichmäßig verteilen und den Staubzucker einstreuen.
- Mit einem Nudelrad Vierecke (16 × 2 cm) schneiden. Diese um die Längsachse spiralförmig drehen und auf einem gefetteten Backblech ablegen.
- Im vorgeheizten Ofen bei 180 Grad 14–18 Minuten backen.

Joghurteis

- In einem Topf die Milch mit der Hälfte des Zuckers aufkochen.
- In einer Schüssel das Eiweiß und den restlichen Zucker gut durchrühren.
- Die kochende Milch in das Eiweißgemisch unter ständigem Rühren einbringen.
- Nun in den Topf zurückgeben und zur Rose (etwa 80 Grad, kurz vor dem Siedepunkt) erhitzen.
- Sofort durch ein Sieb in eine Schüssel seihen und in einem kalten Wasserbad abkühlen.
- Nun den Naturjoghurt und den Zitronensaft beigeben und in die Masse einrühren. Die Masse in die Eismaschine geben und gefrieren lassen.

Gartemperatur Blätterteigstange: 180 Grad
Garzeit: 14–18 Minuten, je nach Dicke des Blätterteiges

UNSERE TIPPS

* *Sehr einfaches und sehr erfrischendes Dessert. Kaufen Sie sich eventuell den Blätterteig im Fachhandel. Sie sparen damit sehr viel Zeit und Arbeit.*
* *Sie können hierbei auch ausschließlich eine Beerensorte einsetzen.*
* *Das Eis ohne Eigelb hat in dieser Form einen sehr geringen Fett- und Cholesterinanteil.*

Waldbeeren

ANRICHTEN

- Die Beeren mit dem Zitronensaft und dem Staubzucker marinieren und anrichten.
- Das Joghurteis und die karamellisierte Haselnuss-Blätterteigstange beilegen und servieren.

Warmer Milchreis
mit Apfelperlen, Beeren und Zimtzucker

Für 4 Personen

160 g	Rundkornreis
700 ml	Milch
1 Msp.	Zitronengelb, gerieben
1 Msp.	Zimt
½	Vanillestange
40 g	Zucker

Garnitur

1	Golden Delicious
10 ml	Weißwein
100 g	Beeren (Himbeeren, Schwarzbeeren und Johannisbeeren)
2 EL	Butter
1 Msp.	Zimt zum Bestreuen
2 TL	Zucker
	Minze

ZUBEREITUNG

- Aus dem Golden Delicious Perlen ausstechen. Einen Topf mit 100 ml Wasser erhitzen, die Apfelperlen und den Weißwein beigeben und zugedeckt bei 85 Grad (knapp unterhalb des Siedepunktes) 8–12 Minuten dämpfen.

- Die Milch in einem Topf mit Zitronengelb, Zimt und Vanillestange erhitzen.

- Den Reis beigeben, zum Kochen bringen und unter zeitweiligem Rühren kochen. Am Ende der Garzeit den Zucker und die Butter beigeben.

Garzeit Milchreis: 18 Minuten

UNSERE TIPPS

* *Achtung, die Butter zum Abschmälzen nur ganz leicht bräunen!*
* *Geben Sie den Zucker, wie im Rezept angeführt, am Ende der Garzeit bei.*
* *In den Wintermonaten können Sie auch gefrorene Beeren verwenden. Diese tauen auf dem heißen Milchreis innerhalb von 2 Minuten auf.*

Milchreis

ANRICHTEN

- Den Milchreis auf dem jeweiligen Teller anrichten und mit den Apfelperlen und den Beeren sowie der Minze garnieren.
- Eine Pfanne erhitzen, die Butter beigeben, mit Zimtpulver abschmecken und abschmälzen.

DESSERTS

Karamellisierter Golden Delicious
mit kleinem Quarkknödel und Vanilleschaumsauce

Für 4 Personen

Quarkknödel

50 g	Butter
50 g	Staubzucker
4	Eigelb
300 g	Magerquark
150 g	Toastbrot, entrindet und gerieben
	Zitronenschale, gerieben
1 TL	Vanillezucker

Äpfel

3	Golden Delicious
½ EL	Butter (10 g)
1 EL	Zucker
200 ml	Weißwein
10 g	Honig
	Zimtrinde, Gewürznelke, Vanilleschote

Süße Brösel für die Knödel

60 g	Brotbrösel
10 g	Butter
20 g	Zucker
½ TL	Vanillezucker

Garnitur

Vanilleschaumsauce (Seite 225)
einige Erdbeeren

UNSERE TIPPS

* *Achten Sie darauf, dass der Magerquark sehr trocken ist. Ansonsten ist die Masse zu weich beziehungsweise zu nass und somit können sich die Knödel beim Kochen auflösen.*
* *Garnitur auf dem Teller: getrocknete Scheibe vom Golden Delicious und getrockneter Stängel von der Angelikapflanze.*
* *Die Apfelscheibe wird geschnitten, mit Staubzucker bestreut und bei 50 Grad im offenen Rohr getrocknet.*
* *Bei der Angelikapflanze wird der Stängel hauchdünn geschnitten, im Zuckersirup unterhalb des Siedepunktes 5 Minuten gegart und dann im Trockengerät oder im offenen Rohr bei 50 Grad getrocknet.*

ZUBEREITUNG

Knödel

- Den Magerquark in ein Sieb geben und das Wasser abtropfen lassen.
- Die weiche Butter und den Staubzucker mit einem Schneebesen schaumig rühren. Die Eigelb nach und nach einrühren und anschließend Quark, Zitronenschale und Vanillezucker beigeben.
- Das geriebene Toastbrot unterheben und 2 Stunden rasten lassen.
- Kleine Knödel formen und diese bei Bedarf in kochendem und gezuckertem Wasser aufkochen und 12 Minuten unterhalb des Siedepunktes ziehen lassen.
- Eine Pfanne erhitzen, Butter, Brotbrösel, Zucker und Vanillezucker beigeben und 2–3 Minuten rösten lassen.
- Die gekochten Knödel aus dem Wasser heben, gut abtropfen lassen und in den gerösteten Bröseln abrollen.

Äpfel

- Das Kernhaus ausstechen und die Äpfel in Spalten schneiden.
- Eine Pfanne erhitzen, Butter und Zucker beigeben und karamellisieren, bis der Zucker eine hellbraune Farbe hat. Mit Weißwein ablöschen, Honig, Zimtrinde, Gewürznelke, Vanilleschote und Apfelspalten beigeben und bei kräftiger Hitze 4–6 Minuten durchschwenken, bis die Äpfel einen leichten Biss aufweisen.

Garzeit Quarkknödel: 12–15 Minuten

ANRICHTEN

▸ Äpfel, Quarkknödel und Vanilleschaumsauce anrichten.

Äpfel

DESSERTS

Gebrannte Creme aus der Melisse
mit marinierten Früchten

Für 4 Personen

6	Eidotter
50 g	Zucker
1	Vanilleschote
200 ml	Milch
400 ml	Sahne
20 g	Zitronenmelisse, fein gehackt
50 g	Rohrzucker, braun

Früchte

60 g	Himbeeren
80 g	Erdbeeren
4	Brombeeren
4	Stachelbeeren
½	Zitrone, Saft

Garnitur

Zitronenmelisse
Staubzucker

ZUBEREITUNG

- Die Eidotter mit dem Zucker verrühren.

- Die durchgeschnittene, halbierte Vanilleschote mit der Milch und der Sahne zusammen aufkochen lassen. Vom Herd nehmen, das Mark der Vanilleschote herauslösen, beigeben und die Milch in die Eidottermasse einrühren.

- Über dem kochenden Wasserbad die Masse unter ständigem Rühren auf 80 Grad (knapp unterhalb des Siedepunktes) erhitzen, bis die Bindung eintritt.

- Nun durch ein feines Sieb seihen und die gehackte Zitronenmelisse beigeben. Die Masse in vier tiefen Tellern verteilen und im vorgeheizten Backrohr bei 85 Grad 40 Minuten garen. In der Folge wird die Creme 2 Stunden im Kühlschrank gekühlt.

- Vor dem Servieren mit braunem Zucker bestreuen und im vorgeheizten Rohr bei starker Oberhitze (220 Grad) eine Minute den Zucker karamellisieren.

Gartemperatur: 85 Grad
Garzeit Creme im Ofen: 40 Minuten

UNSERE TIPPS

* *Für dieses Rezept brauchen Sie etwas mehr Geduld und Zeit, da die Vorbereitungszeit und die Ruhezeit in diesem Fall doch etwas länger dauern.*

* *Die Zitronenmelisse können Sie durch andere passende Küchenkräuter ersetzen. Einige besondere Raritäten hierbei: das Zitroneneisenkraut, die Engelwurz, verschiedene Duftgeranien.*

* *Die Beeren können Sie durch beliebige andere Früchte Ihrer Wahl austauschen.*

ANRICHTEN

▸ Die Beeren schneiden und mit Zitronensaft, Staubzucker und etwas Zitronenmelisse marinieren. Die Früchte auf der Creme anrichten.

Melisse

Die Erdbeeren
in ihrer attraktivsten Form

Für 4 Personen

Erdbeermousse
150 g	Erdbeeren
2 TL	Grand Marnier
10 g	Staubzucker
2	Gelatineblätter
1	Eiweiß
10 g	Zucker
125 ml	Sahne

Erdbeersorbet
125 g	Erdbeeren
40 g	Zucker
25 ml	Wasser
1 TL	Zitronensaft

Backteig
100 g	Mehl
125 ml	Bier
1	Ei
1 Msp.	Backpulver
4	Erdbeeren

Garnitur
80 g	Erdbeeren
	Erdbeersauce

ZUBEREITUNG

Erdbeermousse

▸ Die Gelatine in kaltem Wasser einweichen.

▸ Die Erdbeeren in Stücke schneiden. Nun zusammen mit dem Staubzucker in einem schmalen Gefäß mit dem Handmixgerät glatt aufmixen.

▸ Den Likör in einem kleinen Topf erwärmen, die Gelatine ausdrücken und im warmen Likör auflösen. Schnell mit dem Schneebesen in die Erdbeermasse einrühren.

▸ Das Eiweiß mit dem Zucker zu Schnee schlagen und die Sahne auch aufschlagen. Nun Eischnee und Schlagsahne in die Erdbeermasse einheben. Die Masse in eine Schüssel geben und 3–4 Stunden im Kühlschrank durchkühlen. Anschließend bei Bedarf Nocken abstechen.

Sorbet

▸ Das Wasser mit dem Zucker aufkochen und abkühlen lassen.

▸ Die Erdbeeren vom Stielansatz befreien, in Stücke schneiden und mit dem Handmixgerät in einem schmalen Becher gut mixen, bis eine glatte Masse entsteht.

▸ Nun die Erdbeermasse, das Zuckerwasser und den Zitronensaft mit einem Schneebesen durchrühren und diese Masse in der Eismaschine gefrieren lassen.

Backteig für die Erdbeeren

▸ Das Backpulver zum Mehl geben und mit einem Schneebesen durchrühren.

▸ Mit einem Schneebesen das Bier schnell in das Mehl einrühren, ohne dass sich Knollen bilden. Nun das Ei trennen und das Eigelb einrühren. Das Eiweiß zu Schnee schlagen und in den Vorteig einheben.

▸ Die Erdbeeren eintauchen, herausheben und in heißem Öl bei 175 Grad goldgelb backen.

UNSERE TIPPS

* Als Ersatz für das Bier können Sie auch Weißwein oder Milch nehmen. Beachten Sie jedoch, dass durch den Alkoholzusatz der Teig beim Backen im Öl bedeutend weniger Fett aufnimmt und das Produkt dadurch trockener und fettärmer wird.

* Beachten Sie, dass die Zubereitung hier durch die Mousse zeitaufwändiger ist.

Erdbeeren

ANRICHTEN

▸ Die Mousse und das Sorbet von der Erdbeere sowie die gebackene Erdbeere anrichten, mit einigen Erdbeeren und Erdbeersauce garnieren.

Süße Vanillenudeln
mit Kompott vom Alpenapfel und Himbeeren

Für 4 Personen

Sauce
25 ml	Milch
20 g	Zucker
1	Eigelb
15 g	Schokolade, weiß
75 ml	Sahne, leicht geschlagen

Vanillenudeln
30 g	Butter
60 g	Zucker
1	Ei
1 Msp.	Backpulver
1 Msp.	Zitronengelb, gerieben
½ TL	Vanillezucker
50 ml	Sahne
190 g	Mehl

Kompott
2	Äpfel
1 EL	Zucker
20 ml	Weißwein

Garnitur
Himbeeren
Minze

ZUBEREITUNG

Sauce

- Die Milch in einem Topf aufkochen. Eigelb und Zucker in einer Schüssel glatt rühren und die kochende Milch einrühren. Diese Mischung wiederum zurück in den Topf geben und auf dem Herd unter andauerndem Rühren auf 80 Grad (knapp unterhalb des Siedepunktes) erhitzen.

- Sofort durch ein Sieb seihen, die weiße Schokolade beigeben und glatt rühren. In kaltem Wasserbad abkühlen und die leicht geschlagene Sahne unterheben.

Vanillenudeln

- Butter, Zucker und Vanillezucker schaumig rühren. Ei, Backpulver und Zitronengelb beigeben und glatt rühren. Sahne und Mehl beigeben und schnell einarbeiten.

- 20 Minuten rasten lassen. Aus dem Teig eine Rolle formen, kleine Stücke abschneiden und diese wie Schupfnudeln ausrollen. In den Kühlschrank geben, damit sie eine feste Konsistenz erhalten.

- Unmittelbar bei Bedarf schwimmend in heißem Öl bei 170 Grad goldgelb backen.

Kompott

- Aus den Äpfeln mit der Schale Kugeln ausstechen.

- Eine Pfanne erhitzen, Zucker einstreuen und leicht karamellisieren. Mit Weißwein ablöschen, die Äpfel beigeben und zugedeckt 3–4 Minuten dämpfen.

Gartemperatur Öl: 170 Grad
Backzeit: 4–6 Minuten

UNSERE TIPPS

* Die Vanillenudeln lassen sich auch vorzüglich bereits einen Tag vorher vorbereiten. Somit können Sie diese bestens im Kühlschrank bis zum Backen lagern.

* Achten Sie darauf, dass das Öl beim Backen der Vanillenudeln nicht zu heiß wird. Denn damit wird ganz entscheidend die Qualität beeinflusst.

* Vorzüglich passt hierzu auch eine Kugel Cremeeis, zum Beispiel Haselnusseis.

Vanillenudeln

ANRICHTEN

▸ Die warmen Vanillenudeln auf der Cremesauce mit den Apfelperlen bzw. dem Apfelkompott und den Himbeeren ansprechend anrichten.

Karamellisierter Mohnschmarren
mit Apfelperlen und Erdbeeren

Für 4 Personen

Mohnschmarren
- 80 g Mehl
- ½ TL Backpulver (¼ Briefchen)
- ½ TL Vanillezucker
- 15 g Mohn, gemahlen
- 100 ml Milch
- 2 Eier
- ½ EL Zucker
- 10 g Butter zum Backen
- 2 TL Zucker zum Einstreuen

Apfelperlen
- 2 Golden Delicious
- 15 g Zucker

Garnitur
- 120 g Erdbeeren
- 4 Kugeln Vanilleeis (Seite 224)

ZUBEREITUNG

Apfelperlen
- Aus den Äpfeln mit einem Pariser Löffel Kugeln ausstechen.
- Einen kleinen Topf erhitzen, die Apfelperlen, ein Drittel vom Zucker und 1 Esslöffel Wasser beigeben und zugedeckt 3–4 Minuten dünsten.

Schmarren
- Mehl, Backpulver und Vanillezucker in einer Schüssel mischen.
- Die Milch mit einem Schneebesen einrühren. Diese Masse durch ein Sieb streichen (um eine Knollenbildung auszuschließen) und den Mohn einarbeiten.
- Die Eier aufschlagen und Eigelb und Eiweiß trennen. Die Eigelb in die vorhergehende Masse einrühren.
- Das Eiweiß leicht anschlagen, den Zucker unter andauerndem Schlagen einrieseln lassen, bis ein kräftiger Eischnee entsteht. Diesen in die Mohnmasse einheben.
- Eine Pfanne erhitzen. Die Butter beigeben, den Teig einlaufen lassen und beidseitig goldgelb backen. Den Schmarren mit der Spachtel in Stücke schneiden, den Zucker einstreuen und auf dem Feuer leicht karamellisieren lassen.

Garzeit Schmarren: 3–5 Minuten

UNSERE TIPPS

* *Falls Ihnen der Mohn nicht zusagt, können Sie diesen zum Beispiel durch gehackte Wal- oder auch Haselnüsse ersetzen und somit einen Nussschmarren anbieten.*

* *Die Apfelreste (ohne Kernhaus) können Sie mit dem restlichen Zucker und etwas Wasser zugedeckt weich dünsten und anschließend mit einem Mixstab aufmixen. Dieses Apfelmus passt vorzüglich zu diesem Gericht.*

* *Durch das Aufschlagen des Eiweißes wird der Schmarren sehr zart und luftig. Wenn Ihre Zeit in der Vorbereitung begrenzt ist, können Sie das Eiweiß auch direkt mit dem Eigelb beigeben. Somit ist die Struktur des Schmarrens etwas fester.*

* *Als Garnitur wurde im Bild noch zusätzlich Zitronenmelisse eingesetzt.*

Mohn

ANRICHTEN

▸ Den karamellisierten Mohnschmarren mit den Apfelperlen und den Erdbeeren sowie einer Kugel Vanilleeis anrichten.

Gratin von Herzkirschen
mit Sauerrahmeis

Für 4 Personen

Kirschen
125 ml	Rotwein
40 g	Zucker
1 Msp.	Zitronenschale, gerieben
2	Gewürznelken
1	Zimtrinde, klein
400 g	Herzkirschen, entsteint

Gratinmasse
140 g	Quark
45 g	Staubzucker
10 g	Stärke (aus Weizen oder Mais)
10 ml	Likör
1	Eigelb
50 ml	Sahne

Sauerrahmeis
200 ml	Sauerrahm
50 ml	Milch
60 g	Staubzucker
1	Zitrone, Saft

Garnitur
Minzespitzen

ZUBEREITUNG

Kirschen
- Rotwein mit Zucker, Zitronenschale, Gewürznelken und Zimtrinde aufkochen.
- Kirschen beigeben und bei 80 Grad (unterhalb des Siedepunktes) 5 Minuten garen. Die Kirschen aus dem Fond nehmen. Den Fond auf ein Drittel einreduzieren, durch ein Sieb seihen und auskühlen lassen. Nun die Kirschen wieder einlegen.

Gratinmasse
- Quark mit Staubzucker, Speisestärke, Likör und Eigelb in einer Schüssel verrühren. Die Sahne schlagen und unterheben.

Eismasse
- Alle Zutaten zusammen glatt rühren und in der Eismaschine gefrieren lassen.

Gartemperatur Gratin: 220 Grad, Oberhitze
Garzeit: 3–5 Minuten

UNSERE TIPPS

* *Achten Sie darauf, dass Sie beim Gratinieren bevorzugt die Oberhitze einsetzen.*
* *Falls Sie keine Eismaschine zur Verfügung haben, können Sie auch eine gekaufte und von Ihnen bevorzugte Eissorte verwenden.*
* *Als Ersatz für die Herzkirschen können auch Sauerkirschen oder verschiedene Beeren eingesetzt werden. Ebenso geeignet sind aber auch Früchte wie Äpfel, Birnen und Zwetschgen.*

Kirschen

ANRICHTEN

- Backrohr auf 220 Grad, bevorzugt Oberhitze, vorheizen. Die Herzkirschen mit wenig Rotweinfond in tiefen Tellern anrichten. Die Gratinmasse darauf verteilen und im Ofen bei starker Oberhitze überbacken.
- Mit einer Kugel Sauerrahmeis und etwas Minze servieren.

Topfentörtchen im Strudelblatt
mit Brombeeren

Für 4 Personen

Strudelteig

220 g	Mehl
90 ml	Wasser
1	Ei (45 ml)
1–2 TL	Öl
1 Prise	Salz
1 TL	Weißweinessig
	Öl zum Bestreichen

Füllung

75 g	Butter
50 g	Zucker
1	Briefchen Vanillezucker
1 Msp.	Zitronenschale
2	Eigelb
200 g	Topfen
80 g	Weißbrotbrösel, ohne Rinde
2	Eiweiß
40 g	Zucker

Garnitur

	Brombeeren und Johannisbeeren
100 ml	Vanilleschaumsauce (Seite 225)
	Fruchtsalbei

UNSERE TIPPS

* Den Ziehteig können Sie im Fachhandel in guter Qualität auch kaufen. Sie sparen damit einiges an Arbeit.
* Als Ersatz für Topfen können Sie auch Ricotta verwenden. Falls Sie Quark verwenden, müssen Sie diesem unbedingt über Nacht in einem Haarsieb oder Tuch das restliche Wasser entziehen.
* Als Backformen eignen sich Timbaleformen aus Metall oder kleine Backformen aus Porzellan und Keramik.

ZUBEREITUNG

Teig

- In einer Schüssel Mehl, Wasser, Ei, Öl, Salz und Weißweinessig vermischen und zu einem glatten Teig verkneten. Den Teig mit Öl bestreichen und zugedeckt 30 Minuten bei Raumtemperatur rasten lassen.
- Auf einem bemehlten Tuch mit dem Nudelholz dünn austreiben und nun mit dem Handrücken dünn ausziehen.

Füllung

- Butter und Zucker schaumig rühren und mit Vanillezucker und Zitronenschale verfeinern. Eigelb nach und nach einrühren, wobei die Masse schön cremig und weich sein sollte. So besitzt sie eine bestmögliche Aufnahmefähigkeit.
- Den passierten Topfen und das geriebene Weißbrot in die Masse einarbeiten.
- Das Eiweiß in der Maschine anschlagen und den Zucker anschließend bei tüchtigem Rühren einrieseln lassen.
- Ein Drittel des Eischnees in die Topfenmasse einrühren und den Rest des Eischnees locker unterheben.
- Aus dem Strudelblatt etwa 16 × 16 cm große Quadrate schneiden. Die Quarkmasse mit dem Spritzsack in der Mitte aufspritzen.
- Nun das einzelne Strudelblatt an den Ecken wie ein Säckchen aufheben, ganz leicht abdrehen und in eine gefettete und mit Mehl bestreute Timbaleform setzen. Im vorgeheizten Ofen bei 165 Grad etwa 20 Minuten (je nach Größe) backen.

Gartemperatur: 160–170 Grad
Garzeit: 15–20 Minuten, je nach Größe

Topfen

ANRICHTEN

▸ Mit Brombeeren und Johannisbeeren sowie mit einer Vanilleschaumsauce anrichten. Die Törtchen aus der Form stürzen, in der Mitte platzieren und mit Fruchtsalbei garnieren.

DESSERTS

Blüten-Honigrahmgefrorenes
mit Marillenkompott

Für 4 Personen

Rahmgefrorenes
1 TL	Bergkräuterblüten, getrocknet
2	Eier
100 g	Honig
1	Blatt Gelatine
250 ml	Sahne
1 Msp.	Zitronenschale, gerieben

Marillenkompott
200 g	Marillen
50 g	Zucker
20 ml	Weißwein
2 TL	Stärke (Weizen oder Mais)
	Zitronenschale

Garnitur
60 g	Himbeeren
1 TL	Bergkräuterblüten, getrocknet

ZUBEREITUNG

- Das Gelatineblatt in kaltem Wasser einweichen.

- 20 ml Wasser aufkochen, die Kräuterblüten beigeben und 10 Minuten ziehen lassen. Anschließend durch ein Sieb seihen und den Tee auffangen. Darin die Gelatine auflösen.

- Eier und Honig unter leichtem Rühren im Wasserbad auf etwa 45 Grad (lauwarm) erwärmen. Anschließend mit einem Schneebesen oder einer Rührmaschine außerhalb des Wasserbades kalt schlagen, bis die Eimasse das doppelte Volumen erreicht hat. Das Teekonzentrat mit der aufgelösten Gelatine unter tüchtigem Rühren in die Masse einarbeiten.

- Die Sahne aufschlagen und in die Masse einheben. In passende Formen einfüllen und im Tiefkühler etwa 2½ Stunden tiefkühlen.

- Für das Marillenkompott die Marillen in Spalten schneiden. 150 ml Wasser mit Weißwein, Zitronenschale und Zucker aufkochen. Mit der Stärke (in wenig kaltem Wasser aufgelöst) binden und vom Feuer nehmen. Nun umgehend die Marillenspalten in die heiße Flüssigkeit geben und auskühlen lassen.

UNSERE TIPPS

* *Bergblüten (Löwenzahn, Goldmelisse, Holunder, Kamille, Ringelblume und Salbei) können Sie selbst in freier Natur sammeln und trocknen. Oder Sie kaufen diese im Fachhandel (Reform- oder Teehaus und Apotheke) in getrockneter Form.*

* *Das Rezept für das Rahmgefrorene können Sie jederzeit beliebig verändern. Die Bergkräuterblüten werden durch 50 g grob gehackte Haselnüsse oder Walnüsse oder durch getrocknete Weinbeeren ersetzt. Ebenso können Sie den Honig durch Zucker austauschen. Somit bietet Ihnen dieses Rezept eine ausgezeichnete Abwechslung.*

* *Rahmgefrorenes wird auch als Parfait oder Halbgefrorenes bezeichnet.*

ANRICHTEN

- Bei Bedarf die Formen kurz in warmes Wasser tauchen, das Gefrorene aus der Form stürzen und auf dem Teller anrichten.
- Die Marillen passend einlegen und etwas von der Flüssigkeit einlaufen lassen.
- Mit einigen Bergkräuterblüten und frischen Himbeeren garnieren.

Blüten

DESSERTS

Zweierlei von der Birne
mit Eis aus brauner Schokolade

Für 4 Personen

Birnenmousse
250 g	Birnen
1	Eiweiß
35 g	Zucker
1 ½	Gelatineblätter
125 g	Schlagsahne

Birnenspalten, karamellisiert
2	Birnen
1 EL	Zucker
30 ml	Weißwein
½ TL	Weizenstärke

Schokoladeeis
1	Ei
20 g	Zucker
120 ml	Milch
50 ml	Sahne
20 g	braune Schokolade

Garnitur
80 g	Himbeeren
	Minze

UNSERE TIPPS

* *Die Birnen können ohne weiteres durch Äpfel ersetzt werden.*
* *Beachten Sie den sehr sensiblen Zeitpunkt, wo die Bindung der Gelatine im Birnenmark auch sehr gut zu sehen ist. In diesem Moment muss die Weiterverarbeitung erfolgen. Geschieht dies zu früh, so verflüssigt sich das Eiweiß und die Sahne, geschieht es zu spät, wird eine optimale Verbindung aller Zutaten wesentlich eingeschränkt.*
* *Im Bild wurden als Garnitur noch zusätzlich eine getrocknete Birnenscheibe und ein Schokoladeröllchen eingesetzt.*

ZUBEREITUNG

Birnenmousse

▸ Die Gelatineblätter in kaltem Wasser einweichen. Die Birnen schälen, das Kernhaus ausstechen und das Fruchtfleisch in Stücke schneiden. Die Birnenstücke in einen Topf geben, 70 ml Wasser hinzufügen und zugedeckt weich dünsten (15–20 Minuten). Die Birnen aus dem Fond nehmen und das Wasser gut abtropfen lassen. Nun die Birnen mit dem Mixstab fein pürieren und exakt 125 g Birnenmark abwiegen.

▸ In warmem Birnenmark die eingeweichten und ausgedrückten Gelatineblätter auflösen und abkühlen lassen, bis die Bindung eintritt.

▸ Das Eiweiß zu Schnee schlagen und hierbei den Zucker langsam einrieseln lassen. Den Eischnee mit dem Schneebesen in das Birnenmark einheben.

▸ Nun die geschlagene Sahne unterheben, in ein passendes Geschirr füllen und 3 Stunden im Kühlschrank kalt stellen.

Birnenspalten

▸ Das Kernhaus ausstechen und die Birnen in Spalten schneiden. Eine Pfanne erhitzen, den Zucker einstreuen und leicht karamellisieren lassen. Mit Weißwein ablöschen, die Birnenspalten beigeben und 4–5 Minuten zugedeckt garen.

▸ Die Birnenspalten aus der Flüssigkeit nehmen. Den Birnensaft aufkochen und mit der Stärke (in wenig kaltem Wasser gelöst) abbinden.

Schokoladeeis

▸ Ei und Zucker verrühren.

▸ Milch und Sahne aufkochen und in die Ei-Zuckermasse einrühren. Wiederum auf 80 Grad (kurz vor dem Siedepunkt) erhitzen. Sofort durch ein Sieb seihen. Die Schokolade in kleine Stücke schneiden, zur warmen Milch-Eimasse geben und darin auflösen. Die Masse abkühlen und in der Eismaschine gefrieren lassen.

Birnen

ANRICHTEN

- Aus der Birnenmousse mit einem Löffel Nocken abstechen und diese zusammen mit den Birnenspalten, dem restlichen Birnenmark und dem Schokoladeeis anrichten.
- Mit den Himbeeren und der Minze garnieren.

DESSERTS

Süße Schupfnudeln
mit Kletzenmehl und Erdbeeren

Für 4 Personen

Kartoffelteig
- 360 g Kartoffeln, mehlig
- 2 Eigelb
- 1 EL Butter
- 100 g Mehl
- 30 g Zucker
- 1 TL Vanillezucker
- 1 Msp. Zitronenschale, gerieben

Eis aus Latschensprossen
- 250 g Milch
- 2 Eigelb
- 60 g Zucker
- 20 g junge Latschensprossen

Kletzenmehl
- 25 g Butter
- 2 TL Zucker
- 40 g Kletzenmehl

Garnitur
- 200 g Erdbeeren
- Staubzucker
- Minze

ZUBEREITUNG

▸ Die Kartoffeln mit der Schale in Salzwasser 40 Minuten kochen. Abschütten, umgehend schälen, durch eine Kartoffelpresse drücken, die Butter beigeben und auskühlen lassen.

▸ Eigelb, Mehl, Zucker, Vanillezucker und geriebene Zitronenschale beigeben und schnell zu einem glatten Teig verarbeiten. Daraus dünne Rollen formen, kleine Stücke abschneiden und diese wiederum als Schupfnudeln abrollen. Die Nudeln bei Bedarf in gesüßtem Vanillewasser 2 Minuten kochen.

▸ Für das Eis die Milch mit der Hälfte des Zuckers sowie den Latschensprossen aufkochen und am Siedepunkt 5 Minuten ziehen lassen. Eigelb mit der Hälfte des Zuckers verrühren und die kochende Milch einrühren. Diese Masse auf 80 Grad (kurz unterhalb des Siedepunktes) erhitzen und umgehend durch ein Sieb seihen. Auskühlen und in der Eismaschine gefrieren lassen.

▸ Für das Kletzenmehl die Butter in einer Pfanne zerlassen, das Kletzenmehl und den Zucker beigeben und durchmischen. Die heißen Schupfnudeln damit bestreuen oder locker durchrollen.

UNSERE TIPPS

* *Latschen sind Nadelhölzer aus hochalpinem Gelände. Hier sind die jungen Sprossen begehrt, da sie besonders für Süßspeisen ein sehr schönes Aroma aufweisen. Die Latschensprossen können zum Beispiel durch Fichtensprossen, aber auch durch Rosmarin, Salbei, Kamille, Holunder und Melisse ersetzt werden.*

* *Einige Beispiele für mehlige Kartoffelsorten aus heimischer Produktion: Majestic, Kennebec oder Ackersegen.*

* *Kletzen sind getrocknete Birnen. Diese werden auch manchmal fein gemahlen. Das Gemahlene wird dann als Kletzenmehl bezeichnet.*

Schupfnudeln

ANRICHTEN

- Die Erdbeeren schneiden und ansprechend anrichten.
- Die Schupfnudeln schön einlegen und mit einer Kugel Latscheneis servieren.

Gebackenes Eis vom Wiesenkerbel
auf Zwetschgenröster

Für 4 Personen

Eis
125 ml	Milch
125 ml	Sahne
10 g	Honig
60 g	Zucker
2	Eier
10 g	Samen vom Wiesenkerbel

Zwetschgenröster
250 g	Zwetschgen
120 g	Zucker
20 ml	Weißwein
2	Gewürznelken
½	Zimtrinde

Ziehteig
140 g	Weizenmehl
10 ml	Öl
70 ml	lauwarmes Wasser
	Salz
	Öl zum Bestreichen
1 EL	süße Brösel zum Wälzen

Garnitur
Samen und Blüten vom Wiesenkerbel

ZUBEREITUNG

▸ Für das Eis die Milch mit der Sahne und den Samen vom Wiesenkerbel aufkochen und 15 Minuten am Siedepunkt ziehen lassen.

▸ Honig und Eier schaumig rühren. Die Milch in die Eimasse einrühren und im Wasserbad unter ständigem Rühren auf 80 Grad (knapp unter dem Siedepunkt) erhitzen. Die Masse durch ein Sieb seihen, auskühlen und in der Eismaschine gefrieren lassen.

▸ Für den Zwetschgenröster die Zwetschgen vierteln. Den Zucker in einer heißen Pfanne karamellisieren, mit Weißwein ablöschen, Zimtrinde und Gewürznelken beigeben und leicht reduzieren. Die Zwetschgen einlegen und durchziehen lassen.

▸ Für den Ziehteig alle Zutaten zu einem glatten Teig kneten. Den Teig mit Öl bestreichen, mit einer Klarsichtfolie abdecken und 30 Minuten rasten lassen. Den Teig leicht ausrollen und in der Folge über den Handrücken ausziehen.

▸ Vom Eis Kugeln ausstechen, diese in den süßen Bröseln wälzen, im Ziehteig sehr gut einschlagen und im Tiefkühler tiefkühlen.

▸ Öl auf 180 Grad erhitzen und das Eis im Ziehteig darin 20–30 Sekunden goldgelb backen.

Gartemperatur Öl: 180 Grad
Garzeit: 20–30 Sekunden

UNSERE TIPPS

* *Für das Eis bieten sich Ihnen viele Möglichkeiten, Aromen, Düfte und Kräuter einzusetzen. Den Wiesenkerbel können Sie mit Minze, Zimt, Mohn, Gewürznelken und Lebkuchengewürz austauschen.*

* *Falls Sie keine frischen Zwetschgen bekommen, können Sie getrocknete verwenden oder auf andere Früchte wie zum Beispiel Beeren ausweichen.*

* *Den Ziehteig können Sie auch im Fachhandel kaufen. Sie sparen damit viel Zeit.*

ANRICHTEN

▸ Den Zwetschgenröster und das gebackene Wiesenkerbeleis anrichten und mit den Blättern und Blüten sowie einer halben Zwetschge garnieren.

Eis

Aromen, Kräuter, Wurzeln, Blüten und vieles mehr, bieten Ihnen im Küchenbereich ungeahnte Möglichkeiten, Produkte, Gerichte und Speisen geschmacklich zu verfeinern und Ihre Kreativität zu fördern.

Köstlichkeiten
und Raritäten
aus alpiner Natur

Alpines Bergblumenheuöl

Für ½ Liter

- 500 ml Sonnenblumenöl
- 20 g Bergheu, von ungedüngten Wiesen
- 1 rote Chilischote
- 10 schwarze Pfefferkörner
- 5 rote Pfefferkörner
- 1 Lorbeerblatt
- 3 Wacholderbeeren

ZUBEREITUNG

- 100 ml Öl mit dem Bergheu und der Chilischote auf 60 Grad erhitzen.
- Anschließend 20 Minuten die Temperatur halten. Das Öl vom Herd nehmen und auskühlen lassen.
- Die restlichen Gewürze beigeben und die verbliebenen 400 ml Sonnenblumenöl einrühren.
- In geeignete, sterilisierte Flaschen abfüllen und an einem leicht sonnigen Ort auf den Balkon stellen.
- Fünf Tage lang das Heuöl im leichten Sonnenlicht einem Reifungsprozess unterbinden.
- Anschließend in einem trockenen, kühlen und luftigen Raum lagern.

Gartemperatur: 60 Grad
Zubereitungszeit: 20 Minuten

UNSERE TIPPS

* *Das Sonnenblumenöl können Sie auch durch ein Maiskeim-, ein Oliven- oder Sojaöl austauschen.*
* *Sie können dem Öl auch einige getrocknete Blüten von Kräutern wie Salbei, Rosmarin und Thymian beigeben.*
* *Verwenden Sie ausschließlich alpines Bergheu aus über 1700 Metern Meereshöhe von ungedüngten Wiesen.*

Holunderöl

Für ½ Liter

- 50 g Holunderblütendolden, getrocknet
- 500 ml Sonnenblumenöl

ZUBEREITUNG

- Die Blüten von den Dolden abzupfen.
- Diese in das Öl einrühren.
- An einem dunklen, kühlen Ort 10 Tage zugedeckt stehen lassen.
- Durch ein Tuch oder ein feines Sieb seihen und das Öl in Flaschen abfüllen.
- Am Balkon in der Sonne zwei Tage reifen lassen. Achtung, das Öl sollte hierbei nicht warm werden.
- Anschließend kühl, luftig und in einem dunklen Raum lagern.

Gartemperatur: Raumtemperatur
Zubereitungszeit: 10 Minuten

UNSERE TIPPS

* *Dieses Öl können Sie das ganze Jahr über auch aus getrockneten Holunderblüten herstellen.*
* *Es eignet sich besonders zu lieblichen Gerichten. Sehr interessant zu Kaninchen, zartem Geflügel sowie zu Käsegerichten.*
* *Die Blüten können Sie in getrockneter Form im Reformhaus oder in der Apotheke kaufen.*

Essig aus Himmelschlüsselblumen

Für 1 Liter

- 300 ml Wasser
- 100 g Blütenblätter von Himmelschlüsselblumen
- 600 ml Obstessig
- 100 g weißer Kandiszucker

Gewürze

- 10 Zitronenmelisseblätter
- 3 Zitronen (Saft und Schale)
- 3 Orangen (Saft und Schale)

ZUBEREITUNG

- Das Wasser kurz aufkochen und auskühlen lassen. Die Blütenblätter einrühren.
- Obstessig, Zitronenmelisse, Zitronen- und Orangensaft sowie geriebene Zitronen- und Orangenschale und den Kandiszucker zum Wasser geben und einmal kurz aufkochen lassen.
- Alle Zutaten zusammen in ein Glas füllen, dieses gut verschließen und in der Sonne 20 Tage reifen lassen.
- Anschließend durch eine Haarsieb seihen. Einige Blütenblätter als Dekor im Essig belassen. In Gläser füllen, gut verschließen und bei Kellertemperatur luftig und trocken lagern.

Zubereitungszeit: 20 Minuten

UNSERE TIPPS

* *Die Blütezeit der Himmelschlüsselblume ist von Ende März bis Anfang Mai. Zupfen Sie nur die Blütenblätter, ohne dass die Pflanze abgeschnitten wird. Die Pflanze steht unter Naturschutz.*
* *Blütenblätter in der Hochblüte geben dem Essig eine goldgelbe, sehr schöne Farbe.*
* *Dieser Essig eignet sich vorzüglich zu kalten Vorspeisen in Verbindung mit alpinen Produkten, wie zum Beispiel Speck.*
* *Die Blütenblätter können auch durch andere essbare Blüten wie Alpenrosen und Apfelblüten ersetzt werden.*

Marmelade-Chutney aus der Eberesche

Für 1½ Liter

- 250 g Ebereschenbeeren
- 250 g Birnen
- 250 g Karotten
- 1½ l Wasser
- 500 g Gelierzucker

Gewürze
- 5 g Zitronensäure
- ½ Zimtstange
- 1 Orange (Schale und Saft)

ZUBEREITUNG

- Die Ebereschenbeeren von den Stielen streifen, waschen und über Nacht im Tiefkühlschrank einfrieren. Damit bauen sich die Bitterstoffe in natürlicher Form ab.
- Die Birnen schälen, Kernhaus ausstechen und in kleine Stücke schneiden. Die Karotten ebenso schälen und in kleine Würfel schneiden.
- Die Birnen, die Karotten und die aufgetauten Beeren mit dem Wasser, der Zitronensäure, der Zimtstange, dem Saft und der fein geschnittenen Schale von der Orange zusammen aufkochen und 20 Minuten gut kochen.
- Nun den Gelierzucker beigeben und nochmals 10 Minuten durchkochen lassen.
- Die Marmelade nun in saubere Gläser abfüllen und gut verschließen.
- Die Gläser mit dem Deckel nach unten stellen und bei 80 Grad 10 Minuten im Ofen sterilisieren.

Zubereitungszeit: 30 Minuten

UNSERE TIPPS

* Ebereschen, auch Vogelbeeren genannt, findet man entlang von Bächen und Hängen.
* Ernten sollte man die Beeren nach den ersten Frostnächten. Der Frost führt dazu, dass die Bitterstoffe in natürlicher Form abgebaut werden. Somit kann man sich das Einfrieren im Tiefkühlschrank ersparen.

Eingelegte schwarze Walnüsse (Johannisnüsse)

- 35 grüne Nüsse

Sirup
- 500 ml Wasser
- 400 g Zucker

Gewürze
- 5 Gewürznelken
- ½ Zimtstange
- ½ Vanilleschote
- 1 Sternanis
- ½ Zitrone, Saft

ZUBEREITUNG

- Die Nüsse werden mehrmals mit einer Gabel an der Außenhaut eingestochen.
- Die Nüsse werden nun in kaltem Wasser gelagert, wobei dieses täglich zweimal gewechselt wird. Der Lagerungsprozess sollte exakt 14 Tage betragen. Innerhalb dieses Lagerungsprozesses oxidieren die Nüsse und erhalten ihre typische schwarze Farbe.
- Am fünfzehnten Tag werden die Nüsse in reichlich kochendem Wasser 5 Minuten kurz abgekocht.
- Für den Sirup das in der Rezeptur angeführte Wasser mit dem Zucker sowie den Gewürzen und dem Zitronensaft zusammen 30 Minuten leicht kochen lassen.
- Anschließend die Nüsse beigeben und leicht weiterkochen lassen, bis diese weich sind.
- Mit dem Sirup heiß in sterilisierte Gläser füllen, luftdicht verschließen und im Kühlschrank lagern.

UNSERE TIPPS

* Achtung: Die Nüsse sollten am 22. Juni, dem so genannten Johannistag geerntet werden. Deshalb auch der überlieferte Begriff Johannisnüsse.
* Die Nüsse eignen sich vorzüglich zu ausgesuchten Käsesorten, sowie auch als Beigabe zu exquisiten Desserts.
* In dieser Form sind die Nüsse mehrere Monate haltbar.

Eingelegte Zirmnüsse

- 1 kg Zirmnüsse (Zirmnusszapfen)

Sirup
- 1,2 kg Zucker
- 400 ml Obstessig
- 200 ml Wasser

Gewürze
- 3 Zimtstangen
- 1 Vanillestange
  Zitronenschale
- 1 Sternanis
- 20 g frischer Ingwer

ZUBEREITUNG

- Die weichen, noch jungen Zirmnüsse mit einer Gabel mehrmals einstechen.
- In kaltes Wasser legen und langsam aufkochen. 5 Minuten ziehen lassen und anschließend abschütten.
- Für den Sirup den Zucker in einem Topf leicht karamellisieren, mit Obstessig und Wasser ablöschen. Aufkochen und leicht sieden lassen, bis sich der Zucker gelöst hat.
- Die Zirmnusszapfen in eine Schüssel geben und den vorher angeführten Sirup hinzufügen. Zwei Tage marinieren.
- Nun die Nüsse nochmals aufkochen und 45 Minuten am Siedepunkt ziehen lassen.
- Die Nüsse in saubere Gläser füllen, den heißen Sirup einfüllen und die Gläser gut verschließen.
- Die Gläser mit dem Deckel nach unten auf ein Blech setzen und für 10 Minuten bei 80 Grad im Rohr sterilisieren.

UNSERE TIPPS

* Die ideale Erntezeit für die Nüsse liegt zwischen dem 1. und 15. Juli.
* Vor der Verarbeitung sollten die Nüsse täglich für zehn Tage mit Wasser gewaschen werden. Somit löst sich ein wesentlicher Teil des Harzes.
* Ideale Lagerzeit: sechs Monate für eine optimale Geschmacksentwicklung.

Honig aus Löwenzahnblüten

Für 1,5 kg

1-l-Maß	Löwenzahnblüten
1 l	Wasser
1 kg	Zucker

Gewürze

½	Zitrone, in Scheiben geschnitten
¼	Vanillestange
2	Gewürznelken

ZUBEREITUNG

- Die gewaschenen und von eventuellen Stielen befreiten Blütenköpfe grob hacken.
- Diese nun mit dem Wasser, der Zitrone, der Vanillestange und den Gewürznelken aufkochen und 20 Minuten zugedeckt ziehen lassen.
- Anschließend durch ein Passiertuch oder ein sehr feines Haarsieb seihen.
- Die Flüssigkeit wiederum aufkochen, den Zucker beigeben und 2 Stunden ganz sanft einkochen lassen. Sollte der Honig noch zu dünn sein, noch weitere 30 Minuten reduzieren lassen.
- In Gläser füllen und gut verschließen. In einem kühlen, trockenen und dunklen Raum lagern. So ist dieses Produkt ein Jahr haltbar.

UNSERE TIPPS

* *Dieser Honig wird im eigentlichen Sinn als Melasse bezeichnet. Es handelt sich jedoch um ein über Generationen überliefertes Rezept und wird der Tradition entsprechend als Honig bezeichnet.*
* *Beachten Sie, dass der Honig bei längerer Lagerung Zuckerkristalle bildet, wenn er in nasse Gläser gefüllt oder zu kühl gelagert wird. Dasselbe geschieht, wenn der Sirup zu stark reduziert wird.*

Honig aus jungen Fichtensprossen

Für 1,5 kg

1-l-Maß	junge Fichtensprossen
1 l	Wasser
1 kg	Zucker

Gewürze

½	Zitrone, in Scheiben geschnitten
½	Vanillestange
2	Gewürznelken

ZUBEREITUNG

- Die Fichtensprossen waschen und grob schneiden.
- Diese mit dem Wasser, den Zitronenscheiben, der Vanillestange und den Gewürznelken aufkochen und zugedeckt 20 Minuten ziehen lassen.
- Anschließend durch ein Passiertuch oder ein feines Haarsieb passieren.
- Die Flüssigkeit aufkochen, den Zucker beigeben und 2 ½ Stunden bei sehr sanfter Hitze einkochen bzw. reduzieren lassen.
- Etwas von der Flüssigkeit auf einen kalten Teller geben und somit eine Gelierprobe machen. Wenn der Honig zu flüssig ist, noch weitere 30 Minuten reduzieren lassen.
- In Gläser füllen und gut verschließen. In einem kühlen, trockenen und dunklen Raum lagern. So ist dieses Produkt ein Jahr haltbar.

UNSERE TIPPS

* *Ernten Sie sehr junge Sprossen, damit der Harzgehalt nicht als störend empfunden wird.*
* *Dieser Honig wird im eigentlichen Sinn als Melasse bezeichnet. Es handelt sich jedoch um ein über Generationen überliefertes Rezept und wird der Tradition entsprechend als Honig bezeichnet.*
* *Beachten Sie, dass der Honig bei längerer Lagerung Zuckerkristalle bildet, wenn er in nasse Gläser gefüllt oder zu kühl gelagert wird. Dasselbe geschieht, wenn der Sirup zu stark reduziert wird.*

Likör aus schwarzen Holunderbeeren

Für 1 Liter

500 g	schwarze Holunderbeeren
200 g	Zucker
600 ml	Obstbranntwein

Gewürze

1 EL	Ingwer, gerieben
½	Zimtstange
1	Orange (Saft und Schale)

ZUBEREITUNG

- Die Holunderbeeren waschen. Nun mit einer Gabel von den Stielansätzen abstreifen. Grüne Beeren hierbei entfernen.
- Alle Zutaten zusammen in ein Glas füllen, dieses gut verschließen und leicht durchschütteln.
- Nun diese Zutaten 3 Wochen an einem sonnigen Platz geschmacklich reifen lassen. Hierbei einmal pro Tag leicht durchschütteln, damit sich die Zutaten gut verbinden.
- Nach dieser Zeit das Glas öffnen und die Flüssigkeit durch ein Tuch oder ein Haarsieb seihen.
- In Flaschen abfüllen, gut verschließen und trocken, luftig und kühl lagern.

UNSERE TIPPS

* *Die Erntezeit der schwarzen Holunderbeeren ist je nach Meereshöhe zwischen dem 1. und 30. September.*
* *Vorzüglich eignet sich dieser Likör als Zugabe zu Desserts für die kalte Jahreszeit.*
* *Achtung: Verwenden Sie ausschließlich die schwarzen Holunderbeeren.*
* *Eine kühle Lagerung in einem dunklen Raum verlängert die Haltbarkeit.*

Likör aus Walnüssen

Für 1 Liter

1 l	Obstdestillat
10	grüne Walnüsse
450 g	Magenzuckerlen (Seite 225)

Gewürze

½	Vanillestange
½	Zimtstange
3	Gewürznelken
3	Minzeblätter
1 EL	Kakaopulver

ZUBEREITUNG

- Die grün geernteten Nüsse in feine Scheiben schneiden.
- Das Obstdestillat, die Magenzuckerlen und die Gewürze wie Vanille, Zimtstange, Gewürznelken, Minzeblätter und Kakao in eine Schüssel geben und durchrühren.
- Nun alle Zutaten in Einmachgläser abfüllen und 10 Tage lang in der Sonne geschmacklich reifen lassen.
- 6 Wochen im Keller luftig und trocken lagern.
- Die Gläser öffnen und den Likör durch ein Tuch oder ein feines Haarsieb seihen. In Flaschen abfüllen, gut verschließen.
- Bei Kellertemperatur lagern (mindestens 3 Monate) und anschließend den Likör beliebig weiterverwenden.

UNSERE TIPPS

* *Sollten Sie keine Magenzuckerlen zur Verfügung haben, dann ersetzen Sie diese durch normalen Zucker oder auch braunen Kandiszucker.*
* *Die ideale Erntezeit für die grünen Walnüsse ist der 21. Juni, also der so genannte Johannistag.*
* *Als Obstdestillat können Sie einen Treber oder einen Grappa einsetzen.*

Likör aus Alpenrosenblüten

Für 1 Liter

600 ml	Wasser
120	gezupfte Alpenrosenblüten
200 ml	Speisealkohol
200 g	brauner Zucker

Gewürze

15	Zitronenmelisseblätter
1	Vanillestange
1	Orangenschale

ZUBEREITUNG

- Das Wasser aufkochen und auskühlen lassen.
- Nun alle weiteren Zutaten beigeben, leicht durchrühren und in ein Glas füllen. Dieses fest verschließen.
- 10 Tage in der Sonne lagern bzw. geschmacklich reifen lassen.
- Durch ein feines Tuch oder ein Haarsieb seihen und den Likör in Flaschen füllen und gut verschließen.
- Bei Kellertemperatur trocken und dunkel lagern.

UNSERE TIPPS

* *Dieser Likör eignet sich sehr gut als Zugabe zu alpinen Süßspeisen. Er harmoniert auch vorzüglich zum Beispiel mit Vanille-Cremeeis.*
* *Die Alpenrosenblütenblätter können Sie zum Beispiel auch durch Löwenzahn-, Apfel- sowie Holunderblütenblätter ersetzen.*
* *Alpenrosen stehen unter Naturschutz. Zupfen Sie daher nur die Blütenblätter.*

Sirup aus Bergblumenblüten

Für 1 Liter

500 ml	Wasser
500 g	Zucker

Gewürze

40 g	Bergwiesenheu und Heublumen
1	Sternanis
1	Zimtrinde
2	Gewürznelken
	Zitronenschale
1	Zweig Thymian

ZUBEREITUNG

- Das Wasser aufkochen, das Bergheu und die Heublumen zugeben und unterhalb des Siedepunktes bei 80 Grad 15 Minuten ziehen lassen.
- Die restlichen Gewürze beigeben und nochmals etwa 20 Minuten ziehen lassen.
- Anschließend durch ein feines Sieb seihen.
- Nun den Zucker beigeben, aufkochen und 5 Minuten ganz leicht am Siedepunkt kochen lassen.
- Vom Feuer nehmen und zugedeckt auskühlen lassen. In Flaschen füllen und gut verschließen.
- Bei Kellertemperatur in einem dunklen, trockenen Raum lagern. Nach einigen Monaten Lagerzeit bilden sich in der Flasche interessante Zuckerkristalle.

UNSERE TIPPS

* *Der Sirup aus Bergblumenblüten passt vorzüglich zu Quellwasser, trockenem Weißwein, Sekt und perlendem Mineralwasser.*
* *Eignet sich vorzüglich zum Marinieren von Früchten.*
* *Als Berglimonade mit Quellwasser aufgegossen und mit Zitrone verfeinert.*
* *Verwenden Sie nur Bergheu aus über 1700 Metern Meereshöhe von ungedüngten Wiesen.*

Herzhaftes Gemüsesandwich

Für 4 Stück

4	kleine Brötchen
	Einlage
2 EL	Olivenöl
4	kleine Salatblätter
8	kleine Zucchinischeiben
12	Karottenscheiben
4	kleine Tomatenscheiben
½	Peperoni, in Stücke
4	Spinatblätter
	Gewürze
	Salz
	Pfeffer
½ TL	Oregano
1 TL	Petersilie, gehackt
	Garnitur
4	Basilikumblätter

ZUBEREITUNG

▸ Die Brötchen halbieren, die Schnittflächen mit Olivenöl bestreichen und in einer heißen Pfanne kurz toasten.

▸ Die Zucchini-, Karotten- und Tomatenscheiben sowie die Peperonistücke mit Salz, Pfeffer, Oregano und Petersilie würzen.

▸ Die einzelnen Gemüse in einer heißen Pfanne mit Olivenöl beidseitig kurz anbraten und auskühlen lassen.

▸ Die Salatblätter sowie die einzelnen Gemüse schön auf dem unteren Teil des Brotes anrichten.

▸ Den Deckel passend beilegen und mit einem Basilikumblatt garnieren und servieren.

UNSER TIPP

Die einzelnen Gemüse können Sie durch andere Gemüsesorten ersetzen.

Gebackene Selleriröllchen

Für 4 Stück

4	Scheiben von der Sellerieknolle
60 g	Frischkäse (Quark)
20 g	Karottenwürfel
	Panade
30 g	Mehl
1	Ei
50 g	Brotbrösel
	Gewürze
	Salz
	Pfeffer
1 TL	Schnittlauch, fein geschnitten
	Garnitur
	frische gezupfte Kräuter der Jahreszeit

ZUBEREITUNG

▸ Die Selleriescheiben in kochendem Salzwasser kurz bissfest kochen.

▸ Den Frischkäse mit Salz, Pfeffer, Schnittlauch und Petersilie gut abschmecken und die Karottenwürfel beigeben.

▸ Die Selleriescheiben auf einem Küchenkrepp auslegen und mit der Kräuterquarkmasse hauchdünn bestreichen. Wie eine Roulade einrollen.

▸ Die Röllchen in Mehl, Ei und Bröseln panieren und goldgelb im heißen Öl backen.

▸ Als Mundbissen anrichten und mit einigen Blüten garnieren.

UNSER TIPP

Für dieses Gericht eignen sich auch Gemüse wie Rohnen, Kohlrabi, Lauch und Mangoldblätter.

Kartoffeln im Speckmantel

Für 4 Stück

4	kleine Kartoffeln
15 g	Butter
4	Speckscheiben
	Gewürze
	Salz
	Pfeffer aus der Mühle

ZUBEREITUNG

▸ Die Kartoffeln waschen, schälen, schneiden und in Salzwasser 5 Minuten kochen, abschütten und ausdampfen lassen.

▸ Mit zerlassener Butter bestreichen und mit Salz und Pfeffer würzen.

▸ Die einzelnen Kartoffeln jeweils in eine Speckscheibe einschlagen und auf ein Backblech legen.

▸ Den Ofen auf 175 Grad vorheizen, die Kartoffeln einschieben und 15 Minuten (je nach Größe) im Rohr braten.

UNSERE TIPPS

Kleine neue Kartoffeln können Sie mit der Schale nehmen.

Sie können hierzu auch einen mageren Bauchspeck nehmen.

Die Garzeit wird ganz entscheidend von der Größe der Kartoffeln beeinflusst.

Kleine verführerische Tiroler
Mundbissen

Heimische Produkte aus alpiner Natur bieten uns eine großartige Vielfalt, um auch verführerische, leichte und schmackhafte Tiroler Mundbissen zu kreieren.

Herzhaftes Gemüsesandwich

Gebackene Selleriröllchen

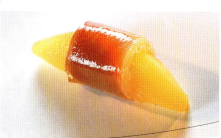
Kartoffeln im Speckmantel

Aufstrich aus Gartengemüse

Gemüseröllchen

Bruschetta mit Gartengemüse

Pralinen aus Frischkäse

Kleine gebackene Minispeckknödel

Tatar vom Saibling auf Sauerrahm

Aufstrich aus Gartengemüse

100 g	Zucchini
½	Tomate
1 TL	Zwiebel, fein gehackt
20 ml	Olivenöl

Gewürze
Salz
Pfeffer aus der Mühle
Zitronensaft

Garnitur
4	Tomatenscheiben, getrocknet
4	Kerbelblätter
4	kleine Toastbrotscheiben

ZUBEREITUNG
- Zucchini und Tomaten in Würfel schneiden.
- Die Zwiebel in etwas Olivenöl anschwitzen. Die Tomaten- und Zuchiniwürfel beigeben und weich dünsten.
- Auskühlen lassen und fein hacken.
- Mit Zitronensaft, Olivenöl, Salz und Pfeffer abschmecken und glatt rühren. Eine Stunde im Kühlschrank lagern.
- Aus der Gemüsepaste Nocken abstechen und diese mit den gerösteten Toastbrotscheiben, den getrockneten Tomatenscheiben und dem Kerbel anrichten.

UNSERE TIPPS
* *Die Zucchini können durch Melanzane, gekochte Kartoffeln oder Karotten ersetzt werden.*
* *Der Aufstrich kann auch als Butterersatz bei Tisch gereicht werden.*

Gemüseröllchen

Für 4 Stück

4	dünne Zucchinischeiben
60 g	Gemüseaufstrich (Rezept links)
1 EL	Olivenöl

Gewürze
Salz
Pfeffer aus der Mühle

Garnitur
getrocknete Blüten

ZUBEREITUNG
- Die Zucchinischeiben mit Olivenöl, Salz und Pfeffer einige Minuten marinieren lassen.
- Mit dem Gemüseaufstrich dünn bestreichen.
- Nun der Länge nach aufrollen.
- Geschmackvoll in den jeweiligen Löffeln anrichten.
- Mit einigen getrockneten Blüten garnieren.

UNSERE TIPPS
* *Hierfür können auch Gemüsesorten wie Kürbis, Melanzane und weißer Spargel eingesetzt werden.*
* *Gut kühlen, somit erhalten Sie einen sehr erfrischenden Mundbissen.*

Pralinen aus Frischkäse

Für 4 Stück

50 g	Frischkäse (Quark)
30 g	Parmesan, gerieben

Gewürze
	Salz
	Pfeffer aus der Mühle
2 EL	Schnittlauch, fein geschnitten

ZUBEREITUNG
- Den Frischkäse glatt rühren, den geriebenen Parmesan beigeben und einarbeiten.
- Mit Salz, Pfeffer und einem Teil vom Schnittlauch würzen.
- Aus der Käsemasse kleine Kugeln formen.
- Die Käsepralinen im restlichen Schnittlauch wälzen und kühl stellen.

UNSERE TIPPS
* *Für dieses Gericht eignen sich viele heimische Käsesorten, wobei Sie je nach Konsistenz den Frischkäse oder den Hartkäse austauschen.*
* *Als ideale Produkte können auch Graukäse, Bergkäse oder Blauschimmelkäse verwendet werden.*

Bruschetta mit Gartengemüse

Für 4 Stück

- 4 kleine Bruschetta-Brotscheiben
- 1 EL Olivenöl

Gemüse
- 4 Scheiben von der Cocktailtomate
- 4 kleine Spinatblätter
- 4 kleine Zucchinischeiben
- 4 kleine Karottenscheiben

Gewürze
- Salz
- Pfeffer aus der Mühle
- Oregano
- Basilikum

Garnitur
- 4 Kerbelblätter

ZUBEREITUNG

- Die Toastbrotscheiben mit Olivenöl bestreichen und beidseitig toasten.
- Das Gemüse mit Kräutern und Gewürzen würzen.
- Die Spinatblätter kurz in einer heißen Pfanne mit Öl schwenken.
- Das restliche Gemüse in einer heißen Pfanne oder am Grill beidseitig kurz anbraten.
- Das Gemüse attraktiv auf den Toastbrotscheiben anrichten. Schön in Löffeln anrichten und mit Kerbel garnieren.

UNSER TIPP

* Hierfür eignen sich viele Gemüsesorten wie Melanzane, Kürbis, Peperoni.

Kleine gebackene Minispeckknödel
auf mariniertem Weißkrautsalat

Für 4 Stück

- 5 g Zwiebel, fein gehackt
- 6 g Butter (1 TL)
- 50 g Knödelbrot
- 10 g Mehl (½ EL)
- 10 g Speck, in Würfel geschnitten
- 1 Eigelb
- 2 EL Milch
- 1 EL Schnittlauch, fein geschnitten
- Salz

Weißkrautsalat
- 60 g Weißkraut, fein geschnitten
- 1 TL Essig
- ½ EL Öl
- Salz
- Pfeffer aus der Mühle

Garnitur
- frische gezupfte Kräuter

ZUBEREITUNG

- Die Zwiebel in der Butter dünsten und zum Brot geben. Das Mehl und den Speck beigeben und zusammen untermengen.
- Das Eigelb, die Milch, den Schnittlauch und das Salz verrühren, über die Brotmischung geben und alles gut vermengen. Die Masse etwa 10 Minuten ziehen lassen und sehr kleine Knödel formen.
- Die Knödel in heißem Öl bei 175 Grad 4 Minuten backen.
- Das Weißkraut mit Essig, Öl, Salz und Pfeffer marinieren und im jeweiligen Löffel anrichten, jeweils einen Knödel einsetzen. Mit gezupften Kräutern garnieren.

UNSERE TIPPS

* Verwenden Sie trockenes Knödelbrot.
* Sie können hierfür auch einen Bauchspeck einsetzen.
* Falls gewünscht, können Sie den Speck auch leicht rösten.

Tatar vom Saibling auf Sauerrahm

Für 4 Stück

- 50 g Saiblingsfilet
- 4 dünne Zucchinischeiben
- 15 g Sauerrahm
- 5 ml Weißwein
- 1 Msp. Dill, fein gehackt

Gewürze
- Salz
- Pfeffer aus der Mühle
- 1 EL Olivenöl
- Saft von einer Zitronenspalte

Garnitur
- 4 Blüten vom Borretsch

ZUBEREITUNG

- Das Saiblingsfilet fein hacken. Mit Salz, Pfeffer, Olivenöl und einigen Tropfen Zitronensaft marinieren.
- Die Zucchinischeiben ebenso mit Olivenöl, Dill, Salz und Pfeffer marinieren.
- Aus dem gehackten und marinierten Saiblingsfilet kleine Kugeln formen und diese in den Zucchinischeiben einrollen.
- Den Sauerrahm mit dem Weißwein glatt rühren und mit Salz und Pfeffer abschmecken. Etwas vom Sauerrahm in den jeweiligen Löffel einlaufen lassen.
- Die einzelnen Tatar mit einer Borretschblüte garnieren.

UNSERE TIPPS

* Hierfür eignen sich auch Produkte wie Forelle, Lachsforelle, aber auch diverse Meeresfische.
* Die Borretschblüten können Sie durch getrocknete Blüten oder Salatspitzen ersetzen.

Basisrezepte

Für einen begrenzten Teil der Rezepte benötigen Sie als Ergänzung diese Basisrezepte. Als Hilfestellung zur schnellen Orientierung, finden Sie auf den jeweiligen Seiten einen genauen Seitenhinweis, wo diese Rezepte zu finden sind.

Gemüsefond oder Gemüsebrühe

Für 1 ½ Liter

2 l	Wasser
¼	Zwiebel
1	Karotte
60 g	Sellerie
60 g	Lauch
1	Lorbeerblatt
2	weiße Pfefferkörner
	Salz

ZUBEREITUNG

- In einem Topf das Wasser aufkochen.
- Das Gemüse waschen, schälen und in mittlere Würfel schneiden und zusammen mit den Kräutern beigeben.
- 40 Minuten knapp am Siedepunkt bei schwacher Bewegung der Brühe kochen lassen. Am Ende der Garzeit mit Salz leicht abschmecken und durch ein Sieb seihen.

UNSER TIPP

* *Für eine Gemüsebrühe können Sie alle Gemüsesorten je nach Angebot verwenden. Beachten Sie jedoch, dass Gemüse mit einem größeren Anteil an Kohlenhydraten (wie Kartoffeln und Linsen) zu Eintrübungen führen kann.*

Fleischbrühe oder Fleischsuppe

Für 1 ½ Liter

300 g	Rindsknochen, gehackt
200 g	Suppenfleisch (falls gewünscht)
2 l	Wasser
½	Zwiebel mit Schale, gebräunt
80 g	Suppengemüse (Karotten, Sellerie, Lauch)
4	weiße Pfefferkörner
1	Lorbeerblatt
	Salz

ZUBEREITUNG

- In einem Topf Wasser die Knochen kurz aufkochen.
- In ein Sieb abschütten und die Knochen mit fließendem Wasser kurz abwaschen.
- Die Knochen zurück in den Topf geben und mit 2 l kaltem Wasser aufgießen.
- Langsam zum Kochen bringen und etwa 1 ½–2 Stunden knapp am Siedepunkt kochen lassen, wobei sich die Brühe beziehungsweise die Suppe nur ganz leicht bewegen soll.
- Fett- und Eiweißreste am Topfrand mehrmals mit einer Schöpfkelle abnehmen.
- Im Anschluss durch ein feines Sieb seihen und mit Salz abschmecken.

UNSER TIPP

* *Die Fleischbrühe kann als klare Suppe sowie als Grundbrühe zum Ansatz von Kraftbrühen und Cremesuppen verwendet werden.*

Braune Kalbsbrühe

Für 1 Liter

½ EL	Öl
200 g	gehackte Kalbsknochen, Kalbfleischabschnitte
80 g	Röstgemüse (Zwiebel, Sellerie, Karotte und Lauch)
1 TL	Tomatenmark
50 ml	Weißwein
1,5 l	Wasser
1	Lorbeerblatt
4	weiße Pfefferkörner
	Salz

ZUBEREITUNG

- Die Knochen und Kalbfleischabschnitte mit dem Öl in einem Topf gut anrösten.
- Das in Würfel geschnittene Röstgemüse beigeben und ebenso mitrösten.
- Das Tomatenmark beigeben, gut einarbeiten und ebenso einem Röstprozess unterziehen.
- Mit dem Weißwein ablöschen und das Wasser aufgießen. Aufkochen und 1 ½ Stunden knapp am Siedepunkt kochen lassen. Zwischendurch abfetten.
- Am Ende der Garzeit mit den Kräutern und Gewürzen abschmecken und in der Folge abseihen und bei Bedarf weiter verwenden.

UNSER TIPP

* *Die braune Kalbsbrühe kann mit Stärke gebunden werden und als Bratensaft bzw. als Sauce verwendet werden. Ebenso geeignet als Aufgussmittel für hochwertige Saucen.*

Tomatensauce

Für 300 ml

1 EL	Olivenöl
1 EL	Zwiebel, gehackt
1 Msp.	Knoblauch, gehackt
1 TL	Tomatenmark
400 g	Tomaten
1	Basilikumblatt
	Pfeffer aus der Mühle
	Salz

ZUBEREITUNG

- Die Zwiebel und den Knoblauch mit Olivenöl in einem Topf farblos anrösten.
- Das Tomatenmark beigeben und mit einem Kochlöffel einarbeiten.
- Die Tomaten waschen, vom Strunk befreien und in mittlere Würfel schneiden und beigeben. Aufkochen lassen und 30–50 Minuten knapp am Siedepunkt kochen lassen.
- Mit Salz, Pfeffer und Basilikum abschmecken.

UNSERE TIPPS

* Die Sauce kann je nach Verwendung naturbelassen oder in einem Mixer kurz aufgemixt werden. Durch das Aufmixen wird die Konsistenz sehr samtig und homogen. Nach Belieben können Sie die frischen Tomaten auch mit Pelati aus der Dose ersetzen.

Reis, gedünstet

Für 4 Personen

1 EL	Öl
1 EL	Zwiebel, gehackt
200 g	Langkornreis
280 ml	Wasser
	Salz
10 g	Butter

ZUBEREITUNG

- Die Zwiebel mit dem Öl in einem Topf farblos andünsten. Den Reis beigeben und hierbei gut glasieren, bis das Reiskorn einen schönen Glanz erhält.
- Mit dem heißen Wasser aufgießen, salzen und schnell aufkochen. Im Ofen bei 160 Grad oder am Herdrand zugedeckt 15–18 Minuten garen lassen.
- Den Topf abdecken, die Butter beigeben und den Reis mit einer Gabel schön auflockern, damit die starke Hitze entweichen kann und somit der Kochprozess unterbunden wird.

UNSER TIPP

* Hierzu eignen sich Langkornreissorten wie Siam Patna und Basmati besonders gut.

Vanilleeis

Für 12 Kugeln

400 ml	Milch
100 ml	Sahne
70 g	Zucker
½	Briefchen Vanillezucker
2	Eier
1	Eidotter
70 g	Zucker

ZUBEREITUNG

- Die Milch, die Sahne und 70 g Zucker mit dem Vanillezucker aufkochen.
- Eier, Eidotter und den zweiten Teil des Zuckers verrühren.
- Die kochende Milch einrühren, in den Topf zurückgeben und alles zusammen unter ständigem Rühren auf 80 Grad (kurz unterhalb des Siedepunktes) erhitzen. Umgehend abseihen und abkühlen lassen.
- In der Eismaschine gefrieren.

UNSER TIPP

* Den Vanillezucker können Sie auch durch eine Vanillestange austauschen. Das Aroma wird damit noch feiner.

Vanilleschaumsauce mit Abwandlungen

Für 300 ml

250 ml	Milch
¼	Vanillestange
30 g	Zucker
1	Eigelb
25 g	weiße Schokolade
75 ml	Sahne

ZUBEREITUNG

▸ Die Milch mit der Hälfte des Zuckers und der Vanille in einem Topf aufkochen.

▸ Den restlichen Zucker und das Eigelb in einer Schüssel ausrühren und die kochende Milch einrühren.

▸ Diese Mischung wiederum zurück in den Topf geben und auf dem Herd unter andauerndem Rühren auf 80 Grad (knapp unterhalb des Siedepunktes) erhitzen. Umgehend durch ein Sieb in eine Schüssel seihen.

▸ Die weiße Schokolade in Stücke schneiden, beigeben und glatt rühren. Die Schüssel mit der Sauce in kaltes Wasser setzen und schnell abkühlen. Die Sahne leicht schlagen und in die Sauce einheben.

UNSERE TIPPS

* Die Sauce können Sie geschmacklich beliebig abändern. Einige Beispiele: Zitronenmelissenschaum mit drei fein geschnittenen Blättern von Zitronenmelisse und etwas Zitronensaft, Minzschaumsauce mit drei fein geschnittenen Blättern von der Minze, Schokoladeschaum, wobei Sie die weiße Schokolade durch braune ersetzen.

Blätterteig

Für 500 g

Wasserteig

200 g	Mehl
25 g	Butter
125 ml	Wasser
	Salz

Butterteig

210 g	Butter
50 g	Mehl

ZUBEREITUNG

▸ Für den Wasserteig das Mehl, die Butter, das Wasser und das Salz zu einem glatten Teig kneten, in eine Klarsichtfolie einschlagen und 25 Minuten rasten lassen.

▸ Für den Butterteig die Butter mit dem Mehl gut kneten, in eine viereckige Form bringen und 10 Minuten kühlen.

▸ Den Wasserteig viereckig ausrollen und den Butterteig darin einschlagen. Diese Teigkombination mit dem Nudelholz zu einem etwa 2 cm dicken Rechteck ausrollen und dann eine einfache Tour geben (1 Drittel des Teigrechteckes in die Mitte des Teiges legen und mit dem 3. Drittel überlappen), und 25 Minuten zugedeckt im Kühlschrank ruhen lassen.

▸ In der Folge den Teig wieder zu einem Rechteck ausrollen und eine doppelte Tour geben (das rechte und linke Viertel des Rechteckes in die Mitte legen, dann die Hälfte des Teiges mit der anderen überlappen) und wieder 25 Minuten zugedeckt im Kühlschrank ruhen lassen.

▸ Dem Teig noch eine einfache und zum Schluss eine doppelte Tour geben (wie vorher beschrieben) und beliebig weiterverarbeiten.

UNSER TIPP

* Den Blätterteig können Sie sehr vielfältig sei es im Süßspeisenbereich (Strudel, Pastetchen oder Kissen) sowie im Bereich der warmen Vorspeisen (Strudel, Törtchen, Auslegeteig oder Pastetchen) einsetzen.

Die überlieferten Magenzuckerlen

Für 1,5 kg Zuckerlen

2 EL	Wasser
1	Teebeutel Schwarztee
300 ml	Wasser
1 kg	Zucker
1 EL	Staubzucker (oder Zuckerfondant)
1 EL	Rum
1 Prise	Zimt
1	Gewürznelke, gemahlen
1 EL	Himbeermark

ZUBEREITUNG

▸ 2 Esslöffel Wasser erhitzen, den Teebeutel einlegen und 5 Minuten ziehen lassen, bis ein sehr starker Tee entsteht.

▸ Die weiteren 300 ml Wasser mit dem Zucker zusammen aufkochen und mit Hilfe des Zuckerthermometers auf 116 Grad erhitzen. Vom Feuer nehmen und 1 Teelöffel Schwarztee sowie den Staubzucker (oder Fondantzucker) einrühren. Mit dem Zimt, dem Rum, dem Himbeermark sowie der gemahlenen Gewürznelke abschmecken und mit einem Schneebesen gut ausrühren, bis der Zucker wieder kristallisiert.

▸ Kurz vor dem Abbinden auf einem geölten Butterpapier 1 cm dick auftragen. Bevor die Masse total hart wird, 1 cm dicke Quadrate einschneiden.

▸ Somit können die Zuckerlen in der Folge gut ausgebrochen werden.

UNSER TIPP

* Ein sehr altes, überliefertes Südtiroler Rezept, das uns von Konditormeister Hubert Oberhollenzer zur Verfügung gestellt worden ist. Diese Magenzuckerlen eignen sich als Bonbon sowie für alle selbst angesetzten Schnäpse und Liköre.

Hier stellen wir Ihnen einige wichtige alpine Kräuter vor, die im vorliegenden Buch zum Einsatz gekommen sind. Sie werden jeweils kurz beschrieben und es werden verschiedene Möglichkeiten aufgezeigt, diese zu verwenden.

Alpenrosenblüte

Wächst nur in hochalpiner Lage. Langgezogene und zarte Blütenblätter. Steht unter Naturschutz und es sollten daher nur wenige Blütenblätter gezupft werden.

Blütezeit: 14 Tage zwischen Juni und Juli.

EINSATZ

Geeignet zum Parfümieren von exquisiten Essigraritäten.

Breitwegerich

Gedeiht häufig an Wegrändern und auf kargen Böden. Man sammelt die jungen Blätter von März bis April, solange sich die Blattadern noch schön weich anfühlen.

EINSATZ

Der Breitwegerich kann sowohl als Salat wie auch als Blattgemüse eingesetzt werden. Die Blätter schmecken etwas bitter und leicht salzig. Gedünstet eignet er sich als Füllung für Teigtaschen und als Frühlingsgemüse.

Berberitzen

Wächst, blüht und gedeiht ausschließlich an unberührten Wiesenrändern.

EINSATZ

Besonders als Teefrucht sowie als Gelee und als Zugabe für Chutneys.

Blütenblätter, getrocknet

Getrocknete Blüten von Thymian, Salbei, Schnittlauch, Korn- und Ringelblume. Diese Blüten können Sie im Fachhandel kaufen.

EINSATZ

Sehr beliebt für Suppen, warme Vorspeisen, helle Fleischarten sowie im Dessertbereich. Vorzüglich geeignet auch für Kräutertees.

Kleine Produktkunde
rund um alpine Kräuter und Produkte

Brennnessel

Die Brennnessel wächst als nährstoffliebender Kulturbegleiter vor allem im Umfeld von menschlichen Siedlungen, an Wegrändern, an Zäunen und in der Nähe von Gärten. Gesammelt werden im Frühjahr die jungen Sprosse und die kleinen Blätter. Später verwendet man nur noch die Triebspitzen der Pflanze.

EINSATZ

Die Brennnessel kann man sehr vielfältig einsetzen, einmal als guten Spinatersatz, weiters als Füllung sowie zum Einlegen in Öl. Sie eignet sich vorzüglich auch als Grundlage für eine kräftige Kräutersuppe oder als Gemüsebeilage.

Brunnenkresse

Im Tiroler Volksmund auch als Wasserkresse bekannt, findet man sie an sauberen Gewässern sowie feuchten Ufern ab Anfang März. Gesammelt werden die jungen Triebspitzen.

EINSATZ

Die Blätter als Salat in Verbindung mit Kartoffeln schmecken ausgezeichnet. Interessant schmecken auch die Samen, frisch wie getrocknet als pfefferähnliche Würze bei Blattsalaten und als Suppengewürz. Zu Käse und Quark ist die Brunnenkresse ebenfalls eine hervorragende Ergänzung. Die senfölhaltige Pflanze eignet sich auch als Wok-Gemüse gedünstet sowie als Beigabe für Nudelgerichte aller Art.

Fichtensprossen

Die Fichte ist ein heimischer Nadelbaum, ihre Nadeln sind vierkantig, spitz und schön glänzend.

Geerntet werden nur die kleinen Sprossen, in der Zeit so gegen Ende Mai bis Mitte Juni, je nach Meereshöhe.

EINSATZ

Junge Fichtennadeln kann man als Beigabe zu Risotti und als Würzmittel zum Fleisch verwenden.

Fichtenhonig ist auch als altbewährtes Heilmittel sehr bekannt. Der Einsatz des Fichtenhonigs ist im Dessertbereich wie auch bei süßen Saucen sehr beliebt.

Himbeerblätter

Können direkt von den Himbeersträuchern geerntet werden. Kleine Blätter bevorzugen. Gut geeignet zum Trocknen.

EINSATZ

Als Dekor für Süßspeisen sowie als Teekraut. Hierbei 5–10 Minuten ziehen lassen.

Huflattichblätter

Blütezeit: März bis in den April hinein. Man findet den Huflattich an Grabenrändern, in Kiesgruben und auf Schuttplätzen. Die Form der Blätter hat der Pflanze ihren Namen gegeben. Verwendet werden hauptsächlich die schönen gelben Blüten.

EINSATZ

Zur Herstellung von Melassen und Honig sehr geeignet. Die Blätter munden als herbwürzige Zutat zu gemischten Salaten und Gemüsegerichten. Bei den leicht flaumigen Blättern kann man den flaumigen Überzug leicht abreiben, dann schmecken sie besser.

Latschenspitzen

Die Latsche ist auch unter dem Namen Zwergkiefer bekannt. Man findet sie in hochalpinen Regionen bis etwa 2700 Metern Meereshöhe. Geerntet werden die jungen Latschenrispen je nach Meereshöhe ab Anfang Juni bis Ende Juli.

EINSATZ

Früher wurden die angetrockneten Latschenspitzen als Würzmittel für das Schlachtfleisch sehr vielfältig eingesetzt. Latschenspitzen sind eine gute Würzung im Reis sowie bei Wildfleischgerichten. Desserts, wo ein kräftiger, eher harziger Geschmack erwünscht ist, bekommen durch die Latschenkiefer eine besondere Duftnuance.

Preiselbeeren

Die Preiselbeere gehört zur Familie der Heidekrautgewächse. Ihre Blütezeit ist ungefähr von Mai bis Ende Juni. Die reifen Beeren pflückt man von August bis Ende Oktober. Die Preiselbeere findet man in lichten Fichtenwäldern oder in Lichtungen auch oberhalb der Waldgrenze bis etwa 2000 Meter.

EINSATZ

Am bekanntesten ist sicherlich die Preiselbeermarmelade. Preiselbeeren passen aber auch hervorragend zu allen Wildgerichten. Vollreife Früchte der Preiselbeere aus den Tiroler Bergen sind im Geschmack wohl einzigartig.

Ringelblume

Ringelblumen findet man in vielen Hausgärten. Ihre Blütezeit ist von Juni bis November. Wenn ein gesunder Boden vorhanden ist, sät sich die Pflanze problemlos alle Jahre selber wieder aus.

EINSATZ

Vielfältigste Einsatzmöglichkeiten in der bunten Küche der Farben. Im Brotbereich, als Garnitur oder aber auch als interessante Würze im Nudel- und im Dessertbereich.

Rotklee

Das Wiesenkraut mit dem leuchtend roten Köpfchen findet man vor allem auf Bergwiesen. Es ist reich an so genannten Isoflavonen (Sekundäre Pflanzenstoffe). Rotkleeprodukte gibt es das ganze Jahr über in Reformhäusern und Apotheken.

EINSATZ

Als Dekor, als Zugabe zu Brotteigen, als Streugewürz für Salate und warme Vorspeisen. Wunderschöne Präsentation.

Schnittlauchblüte

Schnittlauch ist ein Lauchgewächs mit einem sehr hohen Vitamingehalt. Schnittlauch gehört in Südtirol zu den am meisten verwendeten Gartenkräutern. Die Blüte findet man von Mai bis Mitte Juli an den Stängeln.

EINSATZ

Überall, wo man das Schnittlauchkraut einsetzen kann, eignen sich auch die wunderschönen blauroten Blüten. Ein Salat angereichert mit der Farbenpracht der Blüten regt zum Genießen an. Ein Palatschinkenteig mit den Blüten und den Röhrchen dieses Krautes lässt Farben und Frische des Sommers widerspiegeln.

Schafgarbe, rote und weiße Blüten

Sie wächst an Böschungen, auf Wiesen und an Wegrändern, sie gedeiht fast überall, wo es überwiegend sonnig ist. Ihre Blüte ist von Juni bis Oktober zu bewundern.

EINSATZ

In der Küche verwendet man die jungen Blätter zu Suppen sowie zu Aufstrichen. Interessant auch die Einsatzmöglichkeit in der Kombination zu Fisch und Geflügel. Verwendet werden die jungen Blätter und die kleinen Blütenknospen.

Taubenkropfblüte

Bekannt auch als Wiesenspinat sowie als Leimkraut. Die Blütezeit ist von Mai bis Oktober. Der Taubenkropf ist an eher sandigen Standorten zu finden. Dieses Kraut ist über die Blüte am leichtesten zu erkennen, wo es doch mehrere ähnliche Arten gibt, die nicht zum Verzehr geeignet sind.

EINSATZ

Gesammelt werden die jungen Blätter und Triebspitzen von März bis Mai. Sie sind sehr zart und können in der Küche vielfältig eingesetzt werden.

Veilchenblüten

Das Veilchen findet man meist an halbschattigen Plätzen am Waldrand und im Gebüsch. Die erste Blütezeit ist von März bis Mai. Die Blätter kann man nahezu das ganze Jahr verwenden.

EINSATZ

Verwendet werden in der Küche die jungen Blätter als Salat sowie als Frühlingsgemüse. Die schönen Blüten sind dekorativ und appetitanregend in Salaten und Suppen. Auch im Dessertbereich kann die Blüte vielfältig eingesetzt werden.

Vogelbeeren

Bekannt auch als Eberesche ist dieser Strauch überall in Europa bis auf etwa 2400 Metern Meereshöhe wildwachsend heimisch. Die Reifezeit der Früchte ist von Ende September bis Ende Oktober. Sinnvoll ist es, die Früchte einmal dem Morgenfrost auszusetzen. Dadurch werden die Beeren weicher sowie milder im Geschmack.

EINSATZ

Verwendet werden die vollreifen Beeren in der Küche für süßsaure Kompotte sowie Marmeladen. Besonders geeignet in Verbindung mit Wildgerichten. Sehr geeignet auch zum Einkochen in Verbindung mit anderen Obstsorten, da die Vogelbeeren einen sehr hohen Pektingehalt aufweisen.

Wacholderstrauch mit Beeren

Das immergrüne, langsam wachsende Nadelgehölz gehört zur Familie der Zypressengewächse und ist nahezu in ganz Europa heimisch. Gesammelt werden die zweijährigen gereiften Beeren sowie die jungen Blattknospen. Am intensivsten schmecken sie im August und im September.

EINSATZ

Die Beeren dienen als Würze zum Einlegen von Wild. Ebenso sind sie besonders in der Tiroler Küche ein unentbehrliches Gewürz bei bestimmten Produkten, wie zum Beispiel dem Speck.

Wiesenkerbel

Das Kraut wird auch als Myrrenkerbel oder Süßdolde bezeichnet. Die Staude ist stark verbreitet. Der köstliche, süße, nach Anis erinnernde Geschmack kann dazu benutzt werden, den herben Geschmack zu verbessern, ohne dass man mit Zucker süßen muss.

EINSATZ

Für die Küche werden die jungen Blätter, die Samen, sowie auch die gekochten Wurzeln genützt. Überall, wo man einen anisähnlichen, süßlichen Geschmack schätzt, sei es im Dessertbereich, wie auch beim Einkochen von Beeren und Früchten, ist dieses Küchenkraut sehr geschätzt.

Wilder Kümmel mit Samen

Wilden Kümmel findet man in Wiesen bis in alpine Höhen hinauf. Er liebt etwas feuchtere Böden und sonnige Standorte. Die Samen sind ab Juni bis August reif. Man sammelt sie bei beginnender Braunfärbung und lässt sie an einem schattigen Ort nachreifen.

EINSATZ

Die frischen Samen haben einen lieblicheren Duft als herkömmlicher Kümmel. Vorzüglich geeignet für Kartoffel- und Käsegerichte sowie für dunkles Fleisch. Die jungen Blätter und Triebe eignen sich besonders für Salate und Gemüse. Die getrockneten Samen sind ein sehr gutes Brotgewürz.

Wilder Spinat (Guter Heinrich)

Ist im Volksmund auch als Dorfgänsefuß bekannt, da sein Standort meistens an Wegrändern und in der Nähe von Häusern zu finden ist. Erntezeit vom Frühling bis zum Herbst, wobei die Frühjahrsernte am zartesten ist.

EINSATZ

Überall, wo ein Einsatz von Spinat erwünscht ist, kann man auch den wilden Spinat einsetzen. Als Füllung sowie als eigenständig gedünstetes Gemüse. Die jungen Blattspitzen als Salat oder als Zugabe zu Kräuterquark sind ein großartiges, ja fast einzigartiges Gaumenerlebnis.

Wilde Thymianblüten

Auch unter dem Namen Quendel oder Feldthymian bekannt. Man findet ihn an sonnigen, trockenen Plätzen fast überall in Südtirol. Die Blätter können das ganze Jahr über geerntet werden. Kurz vor und nach der Blüte sind sie am aromatischsten. Das Kraut eignet sich auch sehr gut zum Trocknen.

EINSATZ

Feldthymian (Blätter und Blüten) kann überall als Gewürz zu Tomatengerichten, zu Käse, zu Wildgerichten, aber auch in der Verbindung zu Fisch verwendet werden.

Zirmnuss

Auch bekannt als Zirbelkiefer, ein hochalpiner Gebirgsbaum, der alle 6–7 Jahre Samen (das heißt Nüsse) trägt. Die Nüsse findet man unter der oft stark tragenden Krone ab Ende September bis November. Nicht umsonst steht diese Delikatesse am Speiseplan der Eichhörnchen und vieler Vogelarten.

EINSATZ

Verwendet werden in der Küche die jungen Nadelspitzen zum Kochen von Honig (Melasse), die noch unreifen eher jungen Zapfen eingelegt oder die gereiften ausgebrochenen Nüsschen (ohne Schale), die eine wahre Rarität darstellen. Die Nüsschen verwendet man auch als Broteinlage und außerdem überall dort, wo man diesen harzigen Geschmack wünscht. Eine oft willkommene Geschmacksnuance im Dessertbereich.

Alpenapfel: Markenname für Südtiroler Äpfel im Ausland.

Abschäumen: Suppen und Saucen werden sorgfältig vom aufsteigenden Schaum, Fett und Trübstoffe mittels Schaumlöffel befreit, um eine Trübung der Flüssigkeit zu verhindern.

Abschmälzen: Gemüse oder Teigwaren mit gebräunter Butter übergießen.

Abschnitte (Parüren): entstehen beim Zuschneiden von Fleisch, Fisch usw. (Sehnen, überschüssiges Fett, kleine Teile von Fleisch).

Abschrecken, abschocken (abfrischen): Lebensmittel, meist Gemüse, nach einem Garprozess im Wasser kurz in Eiswasser tauchen, um den Garprozess zu unterbrechen und die leuchtende Farbe zu erhalten.

Al dente: italienisch für bissfest; dieser küchentechnische Begriff bezieht sich auf Gemüse und Pasta, die nach dem Kochen noch Biss haben sollen.

Anbraten: Fleisch, Geflügel oder Fisch bei starker Hitze braten, so dass außen eine schöne braune Kruste entsteht.

Anis: ist ein Samengewürz, das heute an Bedeutung verloren hat.

Anschwitzen (andünsten): Gemüse in Fett bei geringer Hitze garen, ohne dass das Produkt gebräunt wird.

Aromen (Aromaten): alle Kräuter und Gewürze die Gerichten und Speisen ihr besonderes Aroma verleihen.

Ausdämpfen: gekochte heiße Kartoffeln verlieren durch den Dampfaustritt das überschüssige Wasser.

Auslegen: eine Backform mit Teig auslegen.

Ausstreichen: eine Form mit Butter oder anderen Fettstoffen an den Innenwänden bestreichen, damit sich der Inhalt nach dem Backen besser löst.

Bauernbratl: regionales heimisches Gericht aus Kartoffeln und Fleisch.

Beluga-Linse: schwarze Gourmetlinse, die nicht eingeweicht werden muss.

Bergblumen: getrocknete Blütenblätter von Salbei, Thymian, Schnittlauch, Korn- und Ringelblume.

Bergheu: aus über 1700 Metern Meereshöhe, von ungedüngten Wiesen.

Beschichtete Pfanne (Teflonpfanne): eine Spezialpfanne mit einer Beschichtung aus Teflon, in der die Speisen nicht kleben.

Blanchieren (Vorgaren): Gemüse oder Früchte kurz in kochendes Wasser geben und dann in Eiswasser tauchen, um den Garprozess zu unterbrechen. Durch das Blanchieren wird die Haut gelöst, die Farbe stabilisiert oder Bitterstoffe entfernt.

Blattgelatine: ein aus tierischen Knochen gewonnenes Bindemittel (Geliermittel) des Eiweißstoffes Kollagen.

Bouillon: Fleischsuppe, hergestellt aus Rinderknochen und Rindfleisch.

Bowle: ein leicht alkoholisches Getränk aus Weißwein und Sekt, das mit verschiedenen Früchten angesetzt wird.

Bratensatz: beim Braten zurückgebliebene Röststoffe, die für die Sauce verwendet werden.

Brotklee (Zigeunerkraut): besonders beliebtes Gewürz für Brote.

Buchweizen: ein Rispengewächs, wird wie Getreide verwendet.

Karamell: erhitzter, braungebrannter Zucker, der hauptsächlich für Desserts verwendet wird.

Karamellisieren: mit Zucker überglänzen.

Chutney: Paste aus Früchten und Gewürzen.

Concassée: enthäutete, ausgeschnittene und in kleine Würfel geschnittene Tomaten.

Consommé: geklärte Kraftsuppe, je nach Grundlage und Bestandteil erhält die Suppe ihren Namen wie zum Beispiel Rinderkraftsuppe, Wildkraftsuppe oder Geflügelkraftsuppe.

Crosne: auch japanischer Knollenziest genannt. Sehr kleine, fast weiße Knöllchen, die wie Kartoffeln frittiert, gebacken oder geröstet werden. Die Pflanze bildet ähnlich der Kartoffel unterirdische Ausläufer, die sich an der Spitze verdicken.

Dämpfen: ist ein Garen von Lebensmitteln im Wasserdampf.

Dampfl: Bezeichnung für Vorteig beim Hefeteig.

Dariol- oder Timbaleformen: kleine glatte zylindrische (die oben breiter als unten sind) Becherformen aus Metall.

Demi glace (braune Grundsauce): eine stark aromatische Grundsauce aus Kalbsknochen, Gemüse, Gewürzen, Wein und brauner Grundbrühe.

Dinkel: auch Urweizen genannt. Besonders geschätzt wird er von ernährungsbewussten Personen. Das nicht ausgereifte und getrocknete Korn wird als Grünkern bezeichnet.

Dip: sehr leichte Sauce zum Eintauchen, in Verbindung mit Kräutern und Gemüse.

Eberesche: Baumart entlang von Bächen, Früchte werden auch Vogelbeeren genannt.

Einweichen: getrocknete Zutaten in kalter oder auch heißer Flüssigkeit ziehen lassen.

Eisbad: eine Schüssel mit Wasser und Eiswürfeln zum Kühlen von Saucen und Cremen oder zur schnellen Unterbrechung des Garprozesses.

Engelshaar: ein symbolischer Begriff, wobei feine Suppennudeln dies hier versinnbildlichen.

Entrecote: französisch für „zwischen den Rippen", eine zarte Scheibe Rindfleisch, die gegrillt oder in der Pfanne gebraten wird. Der Begriff kann auch bei anderen Tieren eingesetzt werden, wobei hier die Tierart angeführt wird.

Erdäpfel: regionaler Begriff für Kartoffeln.

Estragon: eine Gewürzpflanze.

Filetieren: ablösen der Filets von Gräten, Knochen oder Zellkörpern.

Fit: in guter körperlicher Verfassung, durchtrainiert.

Flavonoide: natürliche, meist gelbe, aber auch rote, blaue oder violette Pflanzenfarbstoffe. Direkt in oder unter der Schale von Obst, in Gemüse und vielen Heilkräutern.

Fond (Grundbrühe): eine aromatische Flüssigkeit auf Basis von Fleisch, Geflügel, Fisch aber auch Gemüse und Früchten usw., die beim Kochen von Lebensmitteln im Wasser entsteht.

Frittieren: Lebensmittel in heißem Fett schwimmend garen.

Fun: Vergnügen, das eine bestimmte Handlung, ein Ereignis bereitet.

Glossar

Garnieren: das Verzieren einer Speise mit einer passenden Garnitur wie Kräuter oder anderes.
Geschnetzeltes: Fleisch wird in feine, kleine Scheiben geschnitten.
Glasieren: Speisen mit einer Flüssigkeit überziehen.
Gratinieren: das Überbacken von Speisen primär bei Oberhitze.
Graukäse: alpine, sehr fettarme Käsespezialität.
Guter Heinrich: wilder Spinat, ein typisches Wildgemüse.
Haarsieb: ein feinmaschiges Sieb zum Passieren von Suppen und Saucen.
Hacken: Lebensmittel mit einem Messer oder Schlagmesser (bei Knochen) zerkleinern.
Heublumen: getrocknete Blüten und Kräuter aus Bergwiesen.
Ingwer: knollenförmiges Wurzelgewürz, das hauptsächlich in der asiatischen Küche zum Einsatz kommt.
Isoflavonen: Pflanzenfarbstoffe, wirken antioxidativ.
Karkassen: damit wird das Gerippe des rohen oder gekochten Geflügels oder Fisches gemeint.
Kipfler: festkochende, kleine Kartoffelsorte von bester Qualität.
Kitz: Die Bezeichnung einer jungen Ziege (Zicklein).
Klären: eine trübe Brühe mit Hilfe von fein gehacktem Fleisch und Hühnereiweiß klar machen (aus Flüssigkeiten alle trübenden Bestandteile entfernen).
Klärfleisch: meist faschiertes Rindfleisch und Hühnereiweiß, um Kraftsuppen zu klären.
Kletzen: im Ofen bei leichter Hitze getrocknete Birnen.
Kletzenmehl: gemahlene, fein geriebene Kletzen.
Kneten: eine Teigmasse kräftig drücken und falten, damit sie glatt und geschmeidig wird. Kräftiges Kneten unterstützt die Ausbildung des Klebers im Mehl.
Kompott: Früchte, die ohne Zusätze oder in einem mit Gewürzen oder Likör aromatisierten Zuckersirup langsam gekocht werden.
Koriander: ein typisches Brotgewürz.
Kraftsuppe: kräftige, geklärte Suppen, je nach Bestandteil erhält die Suppe ihren Namen.
Kuvertüre: Schokolade mit einem Kakaoanteil von mindestens 40%.

Limetten: dunkelgrüne, kleine säuerliche Zitrusfrucht.
Marinieren: Produkte in eine Würzflüssigkeit einlegen, um das Aroma zu verbessern oder um Speisen mürber zu machen.
Medaillons: kleine, runde Scheiben mit etwa 70 g.
Melanzane: auch Aubergine oder Eierfrucht genannt.
Melieren: Produkte in Mehl wenden beziehungsweise vermischen.
Melisse: Gewürz- und Heilpflanze. Im Dessertbereich sehr beliebt.
Mie de pain: Weißbrotkrumen, ohne Rinde hergestellt.
Mirepoix: Röstgemüse, in Würfel geschnittenes Gemüse aus Karotten, Zwiebeln, Sellerie und Lauch.
Molke: auch Käsewasser genannt. Nebenprodukt bei der Käseherstellung.
Mousse: darunter versteht man feinste Schaumspeisen.
Nudelholz (Rollholz): zum Ausrollen von Teigen.
Panieren: mehrere Arbeitsschritte, wo ein Produkt mit Mehl, Eiern und Brotbröseln umhüllt wird.
Pastinke: weißgelbe, rettichförmige Wurzel bis 40 cm lang, auch Moorwurzel, Hammel- oder Hirschmöhre genannt.
Passiertuch: Leinentuch zum Passieren von Suppen und Saucen.
Piccata: kleine, dünne Schnitzel.
Polenta: gelber Mais, der zu einem Maisbrei verkocht wird.
Pressknödel: gebratene Käseknödel, die in der Suppe gekocht werden.
Reduzieren: Flüssigkeit einkochen lassen, das Aroma wird konzentriert.
Ricotta: ein aus Molke hergestellter Frischkäse, ähnlich wie Topfen.
Ringelblume: Heil- und Kräuterpflanze und Kräuterblüte.
Rucola (Rauke): Blattsalat, aber auch Gewürzpflanze.
Saibling: die edelste Forellenart.
Salsa cruda: rohe Tomatensauce.
Saltimbocca alla romana: Fleischgericht aus Kalbfleisch, Salbei und Rohschinken, italienisches Nationalgericht.
San-Marzano-Tomaten: langgezogene italienische Tomaten.
Schaumig rühren: Zutaten wie Butter, Zucker und Eier rühren, bis eine glatte Mischung entsteht.

Scheiterhaufen: eine Tiroler Spezialität aus Brot, Äpfeln und Eiern.
Schmarren: Süßspeise, ein dicker Pfannkuchen wird in Stücke geschnitten.
Schnee (Eischnee): steif geschlagenes Eiweiß.
Schupfnudeln: fingerdicke Nudeln, meistens aus Kartoffelteig.
Schwarzer Kümmel: spezielle Kümmelsorte.
Sesam: ölhaltige Samen, von der gleichnamigen Pflanze.
Sorbet: ein leichtes Fruchteis, das auch mit Weißwein oder Sekt serviert wird.
Soufflé: ein in kleinen Porzellanformen gebackener, sehr luftiger Auflaufpudding.
Spinatmatte: natürlich hergestellter Farbstoff aus Spinat (Kohlrabi- oder Mangoldblätter) zum natürlichen Einfärben von Speisen.
Topinambur: Knollengemüse, eine kartoffelähnliche Knolle.
Topinambur/Erdbirne/Jerusalemartischocke: eine Delikatesse, unförmige Knollenfrucht, oft warzig, in der Größe der Kartoffel ähnlich, jedoch kein Ersatz für Kartoffeln.
Urgemüse: alte, teils vergessene Gemüsesorten.
Vinaigrette: eine Essig-Öl-Sauce mit Kräutern vermischt, für Salate und kalte Gerichte.
Vital: lebenskräftig, lebenswichtig.
Vitalität: Lebendigkeit, Lebensfülle, Lebenskraft.
Waldmeister: eine angenehm riechende Gewürzpflanze.
Wellness: Wohlbefinden.
Wels: Süßwasserfisch.
Wiesenkerbel: wild wachsendes Samen- und Blütengewürz.
Wok: spezieller, halbrunder Kochtopf aus der chinesischen Küche.
Wok-Kochen: sehr schnelle, schonende Gartechnik.
Zirmnuss: die Samenkerne der Zirbelkiefer.
Zuckerfondant: eine weiche Mischung aus Wasser, Zucker und Traubenzucker (Glucose), die man im Fachhandel oder in Konditoreien kaufen kann.
Zur Rose erhitzen: Eiermasse bis auf 82 Grad erhitzen, ohne dass das Eiweiß gerinnt.

Hier finden Sie die Rezepttitel und Sachbegriffe in alphabetischer Reihenfolge. Um Rezepte und einzelnen Zutaten wie Kleeblüten, und so weiter gezielt finden zu können, finden Sie in diesem Register Rezepte, Zutaten und Hinweise in der Reihenfolge von A bis Z.

von A bis Z

A
Alpenrosenblüten 217, 226
Alpines Bauernbratl vom Milchkalb 150
Alpines Bergblumenheuöl 214
Alpines Knabbergemüse 66
Alpine Wellness 15
Alpine Wellness-Küche 18
Apfel 38, 82, 190
Aroma-Gewürzbrot 28
Aromasüppchen vom Alpenapfel 82
Aromatischer Tee aus alpinem Gartengemüse 84
Aufstrich aus Gartengemüse 220

B
Bachforelle 138
Bachforellenfilet in der Zitronenkruste 144
Bauernbrot mit Brotklee 30
Berberitzen 226
Bergblumen 70, 217
Bergblumen-Aromabrot 30
Bergblumenheuöl 214
Bergblütenbowle mit Schaumwein 38
Bergkäse 128
Bergkäse-Grießtörtchen 112
Bier 86, 156, 172
Birnen 206
Blätterteig 225
Blüten 100
Blüten-Honigrahmgefrorenes 204
Blütenblätter, getrocknet 226
Braune Kalbsbrühe 223
Breitwegerich 226
Brennnessel 74, 126, 227
Brunnenkresse 227
Bruschetta mit Gartengemüse 221
Buchweizen 94
Buttermilch 41
Buttermilchbrot 28

C
Cremesüppchen aus getrockneten Bergblumen 70
Cremesüppchen von der Brennnessel 74

D
Dinkelfleckerln mit Pfifferlingen 116
Drink aus Naturjoghurt und Weintrauben 38
Drink von der Molke 36

E
Eberesche 215
Eiertaglierini mit Bergkräuterblüten 100
Eingelegte schwarze Walnüsse (Johannisnüsse) 215
Eingelegte Zirmnüsse 215
Eis 186, 200, 206, 210, 224
Eistee vom Apfel 38
Entrecote vom Hirsch 162
Erdäpfelkräutergröstel 160
Erdäpfelschlutzer mit Pfifferlingen und Frischkäse 90
Erdbeeren 40, 194, 208
Erfrischender Gemüseauszug 40
Ernährungskreis 21
Essig aus Himmelschlüsselblumen 214

F
Fichtensprossen 216, 227
Fleischbrühe oder Fleischsuppe 223
Forelle 142
Frischkäse mit Rucola, Löwenzahnspitzen 56

G
Gebackenes Aromatörtchen 184
Gebackenes Bachforellenfilet auf Kartoffelsalat 138
Gebackenes Eis vom Wiesenkerbel 210
Gebackene Selleriröllchen 218
Gebrannte Creme aus der Melisse 192
Gebratenes Perlhuhnbrüstchen 178
Gebratenes Rehhaxl 176
Gebratenes Spanferkelkarree mit Bergkräutern 152
Gebratene Filetstücke vom Reh 62
Gemüse 66, 84, 108, 124, 158, 164
Gemüsefond oder Gemüsebrühe 223
Gemüseröllchen 220
Getreidestangerln 29
Gewürzfenchelbrot 33
Gratin von Herzkirschen 200
Graukäse-Lauchtörtchen 92
Grießspeckknödel mit buntem Gemüseallerlei 72
Gröstel aus weißem und grünem Spargel 96

H
Haselnuss-Lassis 40
Herzhaftes Gemüsesandwich 218
Himbeerblätter 227
Himbeeren 184
Himmelschlüsselblumen 214
Hirsch 162
Hirschschinken 102
Hirschschinken mit Pfifferlingen 50
Holunderbeeren 216
Holunderöl 214
Honig aus jungen Fichtensprossen 216
Honig aus Löwenzahnblüten 216
Huflattichblätter 228
Hühnerbrüstchen im Speckmantel 164

K

Kalbsfilet im Bergheu gegart 154
Kalbslende 170
Kalbswange in der Salbeikruste 172
Kaninchen mit Rosmarin gebraten 166
Karamellisierter Golden Delicious 190
Karamellisierter Mohnschmarren 198
Kartoffelcremesuppe 78
Kartoffeln im Speckmantel 218
Kirschen 200
Klare Gemüsesuppe 80
Kleine gebackene Minispeckknödel 221
Kleine Grünkernweckerln 31
Kleine Pressknödel 46
Kleine Schüttelbreatlan 31
Knödel 72, 110, 166, 221
Knödel aus Räuchertopfen 124
Kohlrabi 58
Kohlrabi-Kartoffelnockerln 122
Kross gebackene Getreidestangerln 29
Kross gebratenes Zanderfilet 64

L

Lachsforellenfilet auf Sauerkraut 136
Lasagnette mit wildem Spinat 120
Latschenspitzen 228
Lauwarmer Tee aus Berberitzen 36
Likör aus Alpenrosenblüten 217
Likör aus schwarzen Holunderbeeren 216
Likör aus Walnüssen 217
Löwenzahnblüten 216

M

Magenzuckerlen 225
Marillenkompott 204
Marmelade-Chutney aus der Eberesche 215
Medaillon vom Saibling 146
Melisse 192
Milchkalb 150
Milchreis 188
Millefoglie aus der Kartoffel 104
Mohnschmarren 198
Mousse aus schwarzen Beluga-Linsen 60

N

Nest vom frittierten Engelshaar 118

O

Oberhollenzer, Dr. med. Friedrich 19

P

Perlhuhnbrüstchen 178
Pfifferlinge 50, 52, 90, 98, 106, 116, 118
Piccata vom Weizenfleisch 168
Polentatörtchen mit Waldpilzen 106
Pralinen aus Frischkäse 220
Preiselbeeren 228
Pressknödel 46

R

Radieschensprossen 86
Ragout von alpinen Süßwasserfischen 132
Reh 62
Rehhaxl 76, 176
Reis, gedünstet 224
Rindsfilet 160
Ringelblume 114, 228
Risottino aus Buchweizen 94
Roggenbrot-Ravioli mit Brennnesseln 126
Rohnen 140
Röllchen aus Kohlrabi 58
Rosmarinnudeln mit Hirschschinken 102
Rotklee 229
Rustikales Gewürzfenchelbrot 33

S

Saibling 146, 221
Salat aus Stangenspargel 48
Salat von mariniertem Getreide 54
Salat von rohen Steinpilzen und Pfifferlingen 52
Saltimbocca von der Forelle 142
Samtsüppchen aus Radieschensprossen 86
Sauerkraut 136
Schafgarbe, rote und weiße Blüten 229
Scheiterhaufen von der Zwetschge 182
Schnittlauchblüte 229
Schupfnudeln 208
Schüttelbreatlan 31
Schweinshaxl mit schwarzem Kümmel gebraten 156
Sesam-Blätterteigkissen mit buntem Gemüse 108
Sirup aus Bergblumenblüten 217
Spanferkel 152
Spargel 48, 96, 142
Speck 29, 44, 48, 110, 164, 218
Spinat 120, 231
Steak von der Kalbslende 170
Steger, Reinhard 6
Steinpilze 52, 78, 98, 104, 106, 118
Striezel aus Urkorn mit Wiesenkümmel 33
Stroganoff aus Waldpilzen 98
Südtiroler Speck 44
Suppe vom Rehhaxl 76
Süße Schupfnudeln 208
Süße Vanillenudeln 196
Süßwasserfische 80, 132

T
Tagliolini aus Ringelblumenblüten 114
Tatar vom Saibling auf Sauerrahm 221
Taubenkropfblüte 229
Tiroler Knödeldreierlei 110
Tiroler Speckbrot 29
Tomatensauce 224
Topfentörtchen im Strudelblatt 202
Topinambur 104, 170, 172
Törtchen aus Bergkäse 128
Truthahnbrust mit buntem Gemüse 158

U
Urgemüse 170

V
Vanilleeis 224
Vanillenudeln 196
Vanilleschaumsauce mit Abwandlungen 225
Veilchenblüten 230
Vitaldrink aus der Karotte 36
Vitaldrink aus Erdbeeren 40
Vogelbeeren 230
Volgger, Karl 7

W
Wacholderstrauch mit Beeren 230
Waldbeeren mit Joghurteis 186
Walnüsse 215, 217
Warmer Milchreis 188
Weizenfleisch 168
Wellness 14
Wellness-Drink aus Buttermilch 41
Welsfilet in Dampf gegart 140
Wiesenkerbel 230
Wilder Kümmel mit Samen 231
Wilder Spinat/Guter Heinrich 231
Wilde Thymianblüten 231
Winkler, Heinz 4

Z
Zanderfilet 64
Zanderfilet in der Erdäpfelkruste 134
Zicklein 174
Zirmnuss 176, 215, 231
Zitronenmelisse 82, 182, 192
Zitronenmelissenschaum 225
Zweierlei vom Zicklein 174
Zweierlei von der Birne 206
Zwetschgen 182, 210

Besonders bedanken möchten wir uns
bei all jenen, die uns bei der Realisierung
dieses Buches unterstützt haben:

* *Prof. Dr. med. Friedrich Oberhollenzer, der als Autor den Bereich „Der Anspruch an eine gesunde Ernährung" geschrieben hat.*
* *Prof. Dr. Clemens Auer*
* *Firma Miko, Frangart*
* *KM Hubert Oberhollenzer*
* *Abteilung 20, deutsche und ladinische Berufsbildung*
* *Landeshotelfachschule Kaiserhof Meran*
* *Landesberufsschule Bruneck, Biennium für Gastronomie und Hotellerie*

Ein ganz besonderer Dank
geht hierbei an Familie Feichter vom
Alpen Wellness Hotel Majestic
in Reischach bei Bruneck.

Ein besonderes Dankeschön,
geht an unsere Partner, die dieses Projekt
ganz entscheidend unterstützt haben:

„Unsere Partnerbetriebe bauen auf traditionelle Rezepte, regionale Produkte und gesunde leichte Kost."

www.alpinewellness.com

Küchensysteme
Büffetanlagen
Erlebnisgastronomie
Free Flow Systeme Marktgastronomie
Innovative Konzeptlösungen

Fachplaner für Gastronomie des Harald Gufler
Rosenheimerstraße 41 A-C, D-83043 Bad Aibling
Tel. +49 8061 93550, Fax +49 8061 93555, Mobil +39 335 423040
E-Mail: h.gufler@ecotron.de

Hofer Paul & Co. KG
Sitz: 39047 St. Christina, Plan da la Sia 9
Tel. 0471 793 445, Fax 0471 793 550
39100 Bozen, Pfannenstielweg 12
Tel. 0471 979 210, Fax 0471 979 443
www.hofergroup.it

Traditionsreiches und marktführendes Unternehmen
im Bereich Schwimmbad- und Saunalandschaften,
Lüftungs- und Klima-, Heizungs- und Sanitäranlagen.

Unbeschwert leben
mit einer sicheren Zukunft.
Itas Versicherungsgruppe
jetzt noch näher bei Ihnen.

Eintauchen & Wohlfühlen in einem kleinen Urlaubsparadies mit purer Lebensfreude, herausragenden Gaumenfreuden aus unserer „haubenverdächtigen" Wellness-Küche, Weinen vom Feinsten, kuscheligen Zimmern und traumhaften Suiten.
Der exklusive Wellnessbereich bettet Körper und Seele auf Wolken – Schönheit hautnah spüren mit wunderbaren Wellness- und Beautyanwendungen ...

Alpen Wellness Hotel Majestic – Familie Feichter
Im Gelände 20, I-39031 Bruneck/Reischach
Tel. +39 0474 410 993, Fax +39 0474 550 821
info@hotel-majestic.it, www.hotel-majestic.it

Gastrotraining, Coaching und Consulting
Innovative Ideen rund um die Gastronomie

Sand in Taufers/Südtirol

www.menue-studio.com
info@menue-studio.com

Nicht der Preis, sondern der Stil macht die Exclusivität unserer Möbel aus.

Persönliche Kundenbetreuung und fachgerechte Beratung liegen uns besonders am Herzen, und so bleibt jede Einrichtung von der Planung, über die Fertigung und abschließenden Montage in unseren Händen.

Auf uns können Sie zählen: Wir bieten Ihnen umfangreichen Service, der weit über das Maß hinausgeht.

I-39032 Mühlen in Taufers, Tel. 0474 659 031
info@moebelplankensteiner.it, www.moebelplankensteiner.it

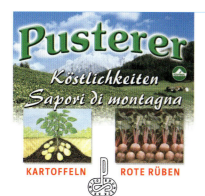

Pusterer Speisekartoffel

Sorten mit 3 Kochtypen:
festkochend, vorwiegend festkochend, etwas mehlig

Pustertaler Saatbaugenossenschaft
G.-Marconi-Straße 7, Bruneck
Tel. 0474 555 116, www.patate-brunico.it

 Werners Baumschule
Gärtnerei — Gartencenter
Schabs, 0472 412011 — Sterzing, 0472 760076
E-Mail: verkauf@werners.it   www.werners.it

Ihr Spezialist für alpine Kräuter-, Gemüse- und Obstpflanzen

Geschätzte Leser und Leserinnen,

die Kochkunst besteht aus zwei Grundfesten: den besten, frischen Zutaten und der Kreativität des Kochs. Eurotoques vereint beides: Die Spitzenköche Europas, die sich bei Eurotoques zusammengefunden haben, und die Erzeuger von Qualitätsprodukten. Eurotoques ist stolz, regionale Produzenten zu fördern und zu unterstützen, die reine, unverfälschte und einwandfreie Erzeugnisse anbieten. In absehbarer Zeit wird es soweit sein, dass das natürliche Erzeugnis mit dem besseren Geschmack Schirm und Schutz unseres Berufs sein wird.

Der Besuch eines Restaurants und das Einkaufen von Qualitätsprodukten ist in den letzten Jahren mehr und mehr zu einer Sache des Vertrauens in die Lauterkeit und Integrität des Anbieters geworden. Eurotoques setzt dem seit Jahren das Verantwortungsbewusstsein, die Berufsehre und die im Ehrenkodex festgehaltenen Prinzipien der besten Köche Europas entgegen.

Es freut mich daher, dass unsere Mitglieder Reinhard Steger und Karl Volgger mit diesem Buch einen entscheidenden Beitrag für das heimische, regionale Qualitätsprodukte leisten und damit den Konsumenten gezielt für diese sensibilisieren. Ich gratuliere den Autoren zu diesem wunderschönen Werk.

Ernst-Ulrich Schassberger
Präsident Eurotoques Deutschland und Österreich
Europäische Union der Köche